E-MARKETPLACE PARA A ADMINISTRAÇÃO PÚBLICA NO BRASIL

CHRISTIANNE STROPPA
TATIANA CAMARÃO

Prefácio

Marcos Nóbrega

E-MARKETPLACE PARA A ADMINISTRAÇÃO PÚBLICA NO BRASIL

Belo Horizonte

FÓRUM
CONHECIMENTO

2025

© 2025 Editora Fórum Ltda.

É proibida a reprodução total ou parcial desta obra, por qualquer meio eletrônico, inclusive por processos xerográficos, sem autorização expressa do Editor.

Conselho Editorial

Adilson Abreu Dallari
Alécia Paolucci Nogueira Bicalho
Alexandre Coutinho Pagliarini
André Ramos Tavares
Carlos Ayres Britto
Carlos Mário da Silva Velloso
Cármen Lúcia Antunes Rocha
Cesar Augusto Guimarães Pereira
Clovis Beznos
Cristiana Fortini
Dinorá Adelaide Musetti Grotti
Diogo de Figueiredo Moreira Neto (*in memoriam*)
Egon Bockmann Moreira
Emerson Gabardo
Fabrício Motta
Fernando Rossi
Flávio Henrique Unes Pereira
Floriano de Azevedo Marques Neto
Gustavo Justino de Oliveira
Inês Virgínia Prado Soares
Jorge Ulisses Jacoby Fernandes
Juarez Freitas
Luciano Ferraz
Lúcio Delfino
Marcia Carla Pereira Ribeiro
Márcio Cammarosano
Marcos Ehrhardt Jr.
Maria Sylvia Zanella Di Pietro
Ney José de Freitas
Oswaldo Othon de Pontes Saraiva Filho
Paulo Modesto
Romeu Felipe Bacellar Filho
Sérgio Guerra
Walber de Moura Agra

FÓRUM
CONHECIMENTO

Luís Cláudio Rodrigues Ferreira
Presidente e Editor

Coordenação editorial: Leonardo Eustáquio Siqueira Araújo
Thaynara Faleiro Malta
Revisão: Nathalia Campos
Capa, projeto gráfico e diagramação: Walter Santos

Rua Paulo Ribeiro Bastos, 211 – Jardim Atlântico – CEP 31710-430
Belo Horizonte – Minas Gerais – Tel.: (31) 99412.0131
www.editoraforum.com.br – editoraforum@editoraforum.com.br

Técnica. Empenho. Zelo. Esses foram alguns dos cuidados aplicados na edição desta obra. No entanto, podem ocorrer erros de impressão, digitação ou mesmo restar alguma dúvida conceitual. Caso se constate algo assim, solicitamos a gentileza de nos comunicar através do *e-mail* editorial@editoraforum.com.br para que possamos esclarecer, no que couber. A sua contribuição é muito importante para mantermos a excelência editorial. A Editora Fórum agradece a sua contribuição.

Dados Internacionais de Catalogação na Publicação (CIP) de acordo com ISBD

S924e Stroppa, Christianne

E-marketplace para a Administração Pública no Brasil / Stroppa, Christianne, Tatiana Camarão. Belo Horizonte: Fórum, 2025.

159 p. 14,5x21,5cm
ISBN impresso 978-85-450-0811-8
ISBN digital 978-85-450-0793-7

1. Contratações públicas digitais. 2. Lei 14.133/2021. 3. Marketplace governamental. 4. Compras públicas inovadoras. 5. Plataformas eletrônicas na Administração Pública. 6. Governança e eficiência nas licitações. 7. E-procurement no setor público. 8. Credenciamento e compras públicas. 9. Transformação digital nas licitações. I. Camarão, Tatiana. II. Título.

CDD: 350
CDU: 35

Ficha catalográfica elaborada por Lissandra Ruas Lima – CRB/6 – 2851

Informação bibliográfica deste livro, conforme a NBR 6023:2018 da Associação Brasileira de Normas Técnicas (ABNT):

STROPPA, Christianne; CAMARÃO, Tatiana. *E-marketplace* para a Administração Pública no Brasil. Belo Horizonte: Fórum, 2025. 159 p. ISBN 978-85-450-0811-8.

SUMÁRIO

PREFÁCIO
Marcos Nóbrega 9

1	**INTRODUÇÃO** 13	
1.1	Contextualização e relevância do tema 13	
1.2	Objetivos e estrutura 15	

2 A NOVA LEI DE LICITAÇÕES E CONTRATOS ADMINISTRATIVOS (LEI Nº 14.133/2021) 19
2.1 Histórico e evolução das leis de licitações no Brasil 19
2.2 Principais inovações trazidas pela Lei nº 14.133/2021 31
2.3 Impactos esperados na gestão pública 36
2.4 Vetores da eficiência, sustentabilidade e inovação nas contratações públicas 38

3 *E-MARKETPLACES* NA ADMINISTRAÇÃO PÚBLICA 43
3.1 Conceito e características de *e-marketplaces* 43
3.2 Diferença entre credenciamento, sistema de registro de preços, pré-qualificação, registro cadastral e procedimento de manifestação de interesse 46
3.2.1 Credenciamento e registro de preços 46
3.2.2 Credenciamento e pré-qualificação 47
3.2.3 Credenciamento e sistema de registro cadastral 49
3.2.4 Credenciamento e procedimento de manifestação de interesse 49
3.3 Vantagens e desafios dos *e-marketplaces* governamentais 51
3.3.1 Principais vantagens 55
3.3.2 Principais desafios da mudança 62
3.4 Experiências internacionais 67
3.4.1 Estados Unidos 67
3.4.2 Estados Unidos 68
3.4.3 Canadá 69
3.4.4 União Europeia 69

3.4.5	Singapura	69
3.4.6	Chile	70
3.4.7	Rússia	70
3.4.8	Espanha	71
3.4.9	Itália	72
3.4.10	Índia	73
3.4.11	Outros países	73
4	IMPLEMENTAÇÃO DE *E-MARKETPLACES* NO CONTEXTO DA LEI Nº 14.133/2021	75
4.1	Disposições legais aplicáveis	75
4.2	Procedimentos e requisitos para a contratação de *e-marketplaces*	82
4.2.1	O passo a passo do planejamento do credenciamento	82
4.2.1.1	Documento de oficialização da demanda (DOD)	83
4.2.1.2	Estudo técnico preliminar (ETP)	84
4.2.1.3	Termo de referência (TR)	90
4.2.1.4	Parâmetros para pesquisa de preços (art. 23, §1º)	95
4.2.1.5	Edital e as principais informações	95
4.2.1.6	Minuta de contrato	97
4.2.1.7	Descredenciamento	98
4.2.1.8	A gestão de riscos e o processo de credenciamento	98
4.2.1.9	O pagamento antecipado e os cuidados necessários	99
4.2.1.10	Formas de pagamento no *marketplace*	100
4.2.1.11	Avaliação de resultados no credenciamento em mercado fluido	102
4.3	Aspectos técnicos e tecnológicos necessários	103
4.4	Padrões de governança e controle	106
4.5	Regulamentação do processo de credenciamento	109
5	CASOS DE REFERÊNCIA NO BRASIL	113
5.1	Farmácia Virtual	113
5.2	*E-marketplace* Prefeitura de Belo Horizonte	114
5.3	*E-marketplace* do município de Jaboatão dos Guararapes para aquisições no SUS	117
5.3.1	Introdução	118
5.3.2	Os desafios e dificuldades do desenvolvimento da política pública de saúde no município de Jaboatão dos Guararapes no cenário pós-pandemia	120

5.3.3 A superação da modelagem de contratação por meio do pregão eletrônico para aquisições no âmbito do SUS.................124

5.3.4 O uso do credenciamento como medida disruptiva para implementação de um *e-marketplace* governamental no município de Jaboatão 126

5.3.5 A fluidez do mercado de insumos de saúde e o impacto nas contratações públicas...128

5.3.5 O credenciamento como ferramenta para criação do *e-marketplace* governamental..129

5.3.6 Considerações finais do credenciamento no município de Jaboatão dos Guararapes...129

6 ASPECTOS ÉTICOS E DE TRANSPARÊNCIA 133

6.1 Princípios de transparência e controle social 133

6.2 Mecanismos de prevenção à fraude e corrupção 134

6.3 Auditorias, indicadores/resultados e avaliações de desempenho....140

6.3.1 Auditoria...140

6.3.2 Indicadores/resultados 141

6.3.2.1 A necessidade de estruturas e instâncias internas para monitoramento dos resultados 145

6.3.2.2 A importância do monitoramento nas contratações 147

6.3.2.3 A análise dos resultados das contratações....................................148

7 CONCLUSÃO 151

REFERÊNCIAS...153

PREFÁCIO

O *e-marketplace* representa um universo singular e inexplorado, que desafia conceitos clássicos da economia e do direito. As discussões teóricas sobre plataformas de dois lados (*two-sided platforms*), oligopólios e curvas atípicas de oferta e demanda revelam a complexidade desse fenômeno, o que torna evidente que sua compreensão exige abordagens multidisciplinares e um espírito experimentalista. Trata-se de um ambiente no qual as regras tradicionais do mercado são desafiadas por novas dinâmicas e interações entre os participantes, exigindo adaptações constantes por parte dos atores envolvidos.

Entre as características marcantes dos *e-marketplaces* destacam-se a flexibilidade dos preços, a transparência e rastreabilidade das transações, a possibilidade de concorrência em larga escala e a redução dos custos de transação. Além disso, esses ambientes promovem maior eficiência, permitindo a análise de dados em tempo real e a personalização das compras com base em algoritmos avançados de machine learning. A implementação do credenciamento como mecanismo auxiliar revela-se essencial para garantir um ambiente de compras fluido e dinâmico, permitindo que a Administração Pública se beneficie de preços dinâmicos e ampliação da competitividade.

A teoria da competição sob incerteza, conforme explorada por Nicolas Petit, ressalta que os *e-marketplaces* públicos possuem potencial para mitigar os liames da competição nos mercados, impactando a estrutura econômica de forma substancial. Com o tamanho do mercado de compras públicas no Brasil (16% do PIB), a criação de uma plataforma centralizada gerida pelo governo federal pode resultar em monopólios naturais, elevados efeitos de rede e barreiras significativas à entrada de novos participantes. Essas características podem moldar o mercado de maneira irreversível, exigindo novas estratégias regulatórias para garantir a concorrência leal e a transparência nos processos de aquisição (Licitar Digital).

Nesse contexto, o papel das autoras deste livro é fundamental. Como experientes e requisitadas juristas, com larga trajetória em compras públicas, elas estão mais do que capacitadas para capitanear a doutrina brasileira neste campo em expansão. Suas análises trazem uma contribuição valiosa para a compreensão dos desafios e oportunidades que os *e-marketplaces* representam para a Administração Pública.

A Lei nº 14.133/2021, marco regulatório das contratações públicas no Brasil, trouxe novas possibilidades para a experimentação por parte dos agentes públicos, abrindo espaço para inovações como os *e-marketplaces*. Essa nova abordagem permite maior agilidade, eficiência e transparência nos processos de aquisição, alavancando a capacidade do setor público de oferecer serviços de qualidade, a custos mais competitivos e com processos mais dinâmicos. As possibilidades abertas por essa legislação são ampliadas pela evolução tecnológica. Ferramentas como inteligência artificial e machine learning, cada vez mais acessíveis e populares, têm o potencial de revolucionar as compras públicas. A automatização de processos, a predição de demandas e a análise de grandes volumes de dados permitirão uma gestão mais eficiente e responsiva, promovendo melhores decisões e evitando desperdícios.

O livro está estruturado para fornecer uma visão abrangente dos *e-marketplaces* na Administração Pública, com os seguintes capítulos:

1. "Introdução" – contextualiza a relevância do tema, apresentando os objetivos e a estrutura do livro.
2. "A Nova Lei de Licitações e Contratos Administrativos (Lei nº 14.133/2021)" – aborda o histórico e as principais inovações da legislação, seus impactos na gestão pública e os vetores de eficiência, sustentabilidade e inovação.
3. "*E-marketplaces* na Administração Pública" – explora os conceitos, caracterizações, vantagens e desafios desses ambientes, com exemplos internacionais (Licitar Digital).
4. "Implementação de *e-marketplaces*" – detalha as disposições legais, procedimentos, requisitos técnicos e padrões de governança necessários para sua implantação.
5. "Casos de referência no Brasil" – apresenta experiências práticas de sucesso, como a Farmácia Virtual e os *marketplaces* municipais.
6. "Aspectos éticos e de transparência" – discute os princípios de transparência, mecanismos de prevenção à fraude e avaliações de desempenho.
7. "Conclusão" – apresenta reflexões finais e diretrizes para o futuro dos *e-marketplaces* no setor público.

Assim, o livro oferece uma visão abrangente e profunda sobre a implementação dos *e-marketplaces* no âmbito da Administração Pública, explorando tanto as oportunidades quanto os desafios inerentes ao modelo. A abordagem adotada combina rigor técnico e prático, permitindo que gestores, estudiosos e operadores do direito compreendam o potencial transformador da ferramenta.

Convido o leitor a explorar as reflexões apresentadas e a engajar-se nesse debate crucial para o futuro das contratações públicas no Brasil. Que este livro sirva como um guia essencial para aqueles que buscam inovar e contribuir para um setor público mais eficiente, transparente e voltado para o interesse coletivo.

Recife, verão de 2025

Marcos Nóbrega
Prof. Associado IV da Faculdade de Direito do Recife (UFPE)
Conselheiro substituto do Tribunal de Contas do
Estado de Pernambuco (TCE-PE)

INTRODUÇÃO

1.1 Contextualização e relevância do tema

O tema das contratações públicas tem sido marcado por mudanças significativas nas últimas décadas. O procedimento de licitação, pautado na perspectiva de contratações reativas e como atividade meramente burocrática, tem assumido outra *performance*, na qual a engrenagem das contratações se movimenta para suprir as demandas com entregas que agregam valor ao negócio.

Nesse contexto, a Lei nº 14.133/2021 fixa como propósito da licitação a busca da proposta apta a gerar o melhor resultado para a Administração Pública, enfatizando, em vários dispositivos, a necessidade do fornecimento de bens e serviços de elevada qualidade.

Essa lei destaca, ainda, a necessidade de atenção à etapa planejamento, incentivando as reflexões estruturadas em documentos específicos, destinados a analisar a melhor solução e a observar os protocolos adequados para obter-se uma compra bem-sucedida.

Além disso, essa norma incentiva a inovação por meio da adoção de novos modelos de negócio e de automação do processo de aquisição, iniciativas fundamentais para assegurar que as organizações públicas atinjam seus objetivos de maneira eficiente, efetiva e eficaz.

Com o propósito de fomentar a decolagem das organizações, a lei prevê procedimentos de interação entre a Administração Pública e o mercado fornecedor, os quais melhoram o entendimento da demanda e dos cenários mercadológicos e possibilitam a troca de informações.

Não é possível ignorar que as contratações têm sofrido com o formato tradicional de uma relação negocial pautada, exclusivamente, em entrega e pagamento. Notadamente, em momento de crise fiscal, esse entendimento limitado de tratar o fornecimento de bens sem informações essenciais que possam identificar soluções mais amoldadas à realidade e à necessidade da organização pública tem resultado em licitações fracassadas e em toda sorte de desperdício passivo e ativo inaceitáveis.

Outro ponto que representa um progresso empreendido pela lei diz respeito aos novos modais de contratação que, contrariando o posicionamento maniqueísta de que só temos uma forma de realizar a licitação, apresentam-se como alternativas vantajosas para todos os atores envolvidos e, em especial, para a Administração. Além disso, há evidências de que os arquétipos procedimentais clássicos não se adequam a certas demandas, sendo, portanto, importante avaliar outros métodos.

Registra-se que não há colisão entre os procedimentos descritos na lei, mas, ao contrário, são oferecidos aos agentes públicos diferentes matizes procedimentais com ritos próprios para que a Administração alcance seu objetivo e se mantenha sintonizada com seu desiderato de atender ao interesse público.

Com a missão de avançar nos processos licitatórios e usando lentes que ampliam os horizontes, os dirigentes das organizações devem repensar as contratações e apoiar o relacionamento de ganho mútuo entre Administração, como contratante, e fornecedor, reconhecendo os contextos que circundam a contratação e seus enfrentamentos, para que os pleitos sejam analisados de forma adequada à sua utilização e com ênfase em construir um resultado satisfatório, combinando preço justo e qualidade, e não simplesmente focando demasiadamente o menor preço.[1]

Um dos destaques da lei que vai ao encontro desse propósito é a possibilidade de consolidar o modelo do credenciamento no mercado de flutuação, inclusive no modo *marketplace*, o qual contém os valores do fornecimento e as condições de execução, e sofre com as margens de impactos e incertezas típicas de produtos passíveis de serem comoditizados.

Essa nova técnica de contratação parte de cuidadoso estudo preparatório, o qual analisa a demanda e os impactos internos e externos

---

[1] Recentes acórdãos do TCU, mas ainda sob a égide da Lei nº 8.666/1993 e da Lei nº 10.520/2002, indicam que a ideia de vantajosidade dialoga com os aspectos atinentes ao custo da contratação.

nas condições de fornecimento, bem como local, prazo de entrega, quantidades requeridas, informações essenciais para permitir uma boa negociação com os fornecedores interessados no momento que necessitar adquirir. O reconhecimento de que esse modelo representa avanço nas contratações tem ganhado repercussão.

As experiências com essa nova roupagem mais simplificada, célere e segura de contratação por meio do credenciamento/*marketplace* vêm sendo disseminadas, e os seus benefícios já são registrados. Dar mais ritmo ao processo, obter menor custo transacional, racionalizar as compras e ter mais qualidade na aquisição são alguns dos diferenciais positivos verificados.

Portanto, a Lei nº 14.133/2021 desafia as organizações a inovarem e proporcionarem um salto evolutivo nas contratações. A suposição infundada de que as licitações são estáticas e a crença firme na utilização exclusiva de procedimentos seculares são orientações que vão na contramão da história. É importante que os agentes públicos participem dessas mudanças e empreendam esforços para o aprimoramento desse ambiente negocial. O credenciamento para implantação do *marketplace* não é uma solução de contorno, mas sim de inovação para evitar o insucesso e prejuízo nas contratações que, mormente, marcam esse mercado volátil.

São avanços que contribuem para melhoria da eficiência das contratações e obtenção de resultados mais vantajosos. Portanto, é importante que haja uma mudança positiva da cultura organizacional direcionada a esse caminho e que sejam combatidos com veemência quaisquer movimentos contrários.

Dito isso, convidamos, vocês, leitores, a conhecerem o universo do *marketplace*, um motor de aperfeiçoamento das compras públicas.

1.2 Objetivos e estrutura

O texto tem como principal objetivo analisar a implementação de *e-marketplaces* na Administração Pública brasileira, com base nas diretrizes e objetivos estabelecidos pela Lei nº 14.133/2021, a Nova Lei de Licitações e Contratos Administrativos. Busca-se explorar como esse instrumento moderniza e otimiza os processos de contratações públicas, promovendo maior eficiência, economicidade, transparência e inovação nas aquisições governamentais.

Especificamente, o texto pretende, em primeiro lugar, contextualizar historicamente o marco legal das licitações no Brasil, destacando a evolução das normas até a Lei nº 14.133/2021. Essa contextualização visa esclarecer como as legislações anteriores, mais rígidas e burocráticas,[2] limitavam a incorporação de tecnologias modernas, enquanto a Nova Lei abre espaço para o uso de plataformas digitais, como os *e-marketplaces*, proporcionando mais flexibilidade e celeridade nas contratações públicas.

Em seguida, o texto se debruça sobre as inovações introduzidas pela Nova Lei de Licitações, destacando os principais aspectos que impactam diretamente na gestão pública, especialmente no que tange à incorporação de ferramentas digitais. Nesse contexto, serão discutidos os mecanismos que promovem a transparência e a competitividade, além da integração com tecnologias que facilitam o controle social e o monitoramento das contratações. A digitalização dos processos, promovida pela Nova Lei, é um ponto central para a introdução dos *e-marketplaces* no setor público.

O conceito de *e-marketplaces* na Administração Pública é outro ponto de destaque do texto. Serão definidos seus principais elementos e características, diferenciando-os de outros mecanismos de compras públicas, como o Sistema de Registro de Preços (SRP), o credenciamento e o cadastro de fornecedores. O objetivo é demonstrar que os *e-marketplaces* são plataformas digitais que conectam compradores e fornecedores, automatizando e integrando as etapas do processo de compra, proporcionando maior competitividade e transparência.

Além disso, o texto examinará as vantagens e desafios que envolvem a implementação de *e-marketplaces* na Administração Pública. Entre as vantagens estão a potencial economia de recursos, a agilidade nos processos de contratação e a possibilidade de ampliação da competitividade entre os fornecedores. Por outro lado, também serão discutidos os desafios técnicos e tecnológicos, como a necessidade de infraestrutura adequada e de capacitação dos servidores públicos para operarem nessas plataformas colaborativas. Também serão abordadas as dificuldades jurídicas e operacionais para ajustar o modelo de *e-marketplace*, amplamente utilizado no setor privado, às peculiaridades da Administração Pública.

---

[2] Embora referida crítica seja pertinente, importante lembrar que muitas contratações inovadoras foram efetuadas ainda durante a vigência da Lei nº 8.666/1993, embora a validação do modelo tenha tido amplo amparo nos órgãos de controle, em especial, o Tribunal de Contas da União (TCU).

Outro aspecto relevante que será tratado é a análise de experiências internacionais bem-sucedidas com o uso de *e-marketplaces* governamentais, comparando diferentes modelos adotados por países que já utilizam essas plataformas. Essa análise permitirá extrair boas práticas que podem ser aplicadas ao contexto brasileiro, além de identificar possíveis desafios que já foram superados em outros países.

A implementação dos *e-marketplaces* à luz da Lei nº 14.133/2021 será explorada detalhadamente, com foco nas disposições legais aplicáveis, nos procedimentos e requisitos para contratação dessas plataformas colaborativas e nos aspectos técnicos que envolvem sua adoção. Serão discutidos os padrões de governança e controle que devem ser observados para garantir a eficiência e a legalidade das aquisições públicas por meio desses sistemas digitais. O texto também abordará a regulamentação específica necessária para o processo de credenciamento de fornecedores dentro dos *e-marketplaces*, com vistas a assegurar que todos os participantes cumpram os requisitos legais e técnicos estabelecidos pela Nova Lei.

Além disso, o texto incluirá a apresentação de casos de referência de *e-marketplaces* já implementados e em implementação tanto no Brasil quanto em outros países, oferecendo exemplos práticos de como essas plataformas podem melhorar a gestão das compras públicas. Esses casos servirão como base para entender os benefícios concretos e os desafios superados durante a adoção de *e-marketplaces* governamentais.

Outro ponto essencial será a discussão sobre os aspectos éticos e de transparência associados ao uso de *e-marketplaces* na Administração Pública. O texto analisará como os princípios de transparência e controle social são aplicados a essas plataformas, destacando os mecanismos de prevenção à fraude e à corrupção. Será abordado o papel das auditorias e das avaliações de desempenho como ferramentas fundamentais para garantir a conformidade dos processos com as exigências legais e éticas.

Em suma, o texto será estruturado para proporcionar uma análise abrangente e detalhada sobre o uso de *e-marketplaces* na Administração Pública, começando com a contextualização histórica e jurídica, passando pela discussão das inovações legais e dos aspectos técnicos, até a avaliação de experiências práticas e considerações éticas. Ao final, o leitor terá uma visão clara dos benefícios e desafios da implementação desse instrumento no contexto das contratações públicas, com base nas mudanças promovidas pela Lei nº 14.133/2021.

A NOVA LEI DE LICITAÇÕES E CONTRATOS ADMINISTRATIVOS (LEI Nº 14.133/2021)

2.1 Histórico e evolução das leis de licitações no Brasil[3]

Desde a Antiguidade Clássica, a palavra *licitação* tem sido empregada ora no sentido de cobrir lance, arrematar em leilão, comprar por meio de leilão, ora de avaliar, estimar. Para De Plácido e Silva, provém do latim *licitatio*, dos verbos *liceri* ou *licitari* [lançar em leilão, dar preço, oferecer lanço]. Possui o vocabulário, em sentido literal, a significação do "ato de licitar ou fazer preço sobre a coisa posta em leilão ou a venda em almoeda".[4]

No mundo moderno, tal proceder é usual, sendo a expressão tomada no sentido de oferta de preços para compra de bem ou execução de um serviço ou de uma obra, como também nos casos de locação e alienação de bens, oferecer em concorrência com outros interessados, disputar, embora não haja sistemática nem terminologia uniformes entre os países que a adotam.

No Brasil, embora inicialmente tratada com o nome genérico de "concorrência", como expressão sinônima de "licitação", hoje se encontra definitivamente assentada com esta última denominação, como

---

[3] MOTTA, Carlos Pinto Coelho. *Eficácia nas licitações e contratos*: estudos e comentários sobre as leis 8.666 e 8.987/95, a nova modalidade do pregão e o pregão eletrônico; impactos da lei de responsabilidade fiscal, legislação, doutrina e jurisprudência. 12. ed. Belo Horizonte: Del Rey, 2011. p. 3-11.

[4] DE PLÁCIDO E SILVA, Oscar Joseph. *Vocabulário jurídico*. 25. ed. Rio de Janeiro: Forense, 2004. p. 847.

constante dos diversos diplomas legais específicos ou de aplicação eventual, a partir da Lei nº 4.401, de 10 de setembro de 1964, embora ainda havendo discrepâncias quando utilizada no campo do direito comercial e processual civil, restringindo-se a certas pessoas partícipes de um evento licitatório.

As Ordenações Filipinas foram a primeira manifestação normativa adotada no campo da licitação. Prontas desde 1595, só entraram em vigor no reinado de Filipe II, por Lei de 11 de janeiro de 1603, mantendo-se a sua vigência até o Código Civil de 1867, em Portugal, e até o de 1917, no Brasil.

Preocupava-se com a obrigatoriedade de,

> (...) em se fazendo obra, primeiro andar em *pregão*,[5] para se dar a empreitada a quem houver de fazer melhor e por menos preços; porém as que não passarem de mil réis, se poderão mandar fazer por jornais, e umas e outras se lançarão em livro, em que se declare a forma de cada uma, lugar em que se há de fazer, preço e condições do contrato. E assim como forem pagando aos empreiteiros, farão ao pé do contrato conhecimento do dinheiro, que vão recebendo, e assinarão os mesmos empreiteiros e o Escrivão da Câmara; e as despesas que os Provedores não levarem em conta, pagá-las-ão os Vereadores, que as mandaram fazer.

Já era possível identificar, apesar da precariedade do sistema, a mesma dupla finalidade objetivada nas licitações de hoje: a obtenção da proposta mais vantajosa (economicidade) e a igualdade entre os participantes (isonomia). Naquela época, "usou-se o sistema denominado 'vela e pregão', que consistia em apregoar-se a obra desejada, e, enquanto ardia uma vela, os construtores interessados faziam suas ofertas. Quando [se] extinguia a chama, adjudicava-se a obra a quem houvesse oferecido o melhor preço".[6]

A primeira Lei Nacional sobre Licitação no tocante a 'obras públicas', foi promulgada em 29 de agosto de 1828. Determinava em seu art. 5º que: "Aprovado o plano de algumas referidas obras, imediatamente será sua construção oferecida a Empresários por via de Editais Públicos, e, havendo concorrentes, se dará a preferência a quem oferecer

---

[5] Lembra Carlos Pinto Coelho Motta (2011, p. 3) que a Lei nº 10.520, de 17 de julho de 2002, ao reintroduzir no direito brasileiro a modalidade licitatória do pregão para aquisição de bens e serviços, reeditando modelo consagrado nas Ordenações Filipinas.
[6] RENZO, Francesco di, *I contratti della pubblica amministrazione apud* MEIRELLES, Hely Lopes. *Licitação e contrato administrativo*. 14. ed. São Paulo: Malheiros, 2006. p. 29.

maiores vantagens". O Decreto nº 2.926, de 14 de maio de 1862, regulamentava as arrematações dos serviços a cargo do então Ministério da Agricultura, Commercio e Obras Públicas.

Como forma de exigir sobriedade e seriedade para com o dinheiro público, foi expedida, em 1909, a Lei nº 2.221.

Não obstante as normas anteriores sobre o tema da Licitação, o instituto somente passou a ter relevo com a edição do Código de Contabilidade da União (Decreto Legislativo nº 4.536, de 28 de janeiro, arts. 49 a 60) e do Regulamento Geral de Contabilidade Pública (Decreto nº 15.783, de 8 de novembro, arts. 736 a 802)[7] em 1922.[8]

> Trata-se, induvidosamente, do texto mais importante regulador da matéria, ressaltando que alguns de seus dispositivos estão ainda atuais. É uma norma extensa, o que dificulta sua citação e mesmo a escolha, dentre os dispositivos nela contidos, dos de maior ou menor grau de importância.[9]

Não concordando com a importância atribuída por Carlos Pinto Coelho Motta, André Rosilho lembra:

> Inicialmente, cabe chamar a atenção para o fato de que no período de 1922 a 1967 não havia uma política *nacional* de contratações públicas. O Regulamento Geral de Contabilidade Pública continha diretrizes para a seleção de fornecedores para a Administração Pública Federal, mas nada dizia quanto aos procedimentos licitatórios a serem seguidos por Estados e Municípios. (...) O que ele não fez foi determinar o modo pelo qual as licitações públicas deveriam ser efetuadas – os procedimentos, os requisitos etc. Havia, portanto, amplo espaço de manobra para os Legislativos e para as Administrações locais definirem, eles próprios, as regras de contratações a que se submeteriam.[10]

Outras curiosidades a serem apontadas no Regulamento Geral de Contabilidade Pública da União são: (i) fazer referência genérica a

---

[7] O Código de Contabilidade da União continha apenas algumas diretrizes gerais sobre o tema das licitações públicas, logo, coube ao Regulamento Geral de Contabilidade Pública, ao complementar o referido código, normatiza o tema efetivamente.

[8] Analisando os 90 anos do instituto da Licitação no Brasil, André Rosilho (*Licitação no Brasil*. São Paulo: Malheiros, 2013) identifica que as alterações ocorridas nas licitações estão diretamente relacionadas aos modelos legais inicialmente minimalistas e, agora, maximalistas.

[9] MOTTA, 2011, p. 3-4.

[10] ROSILHO, 2013, p. 36.

expressão 'concorrência', porquanto o termo 'licitação pública' somente seria inserido em 1964; (ii) vincular o processo competitivo a uma norma de direito financeiro, porquanto não se cogita em um agir autônomo em relação às finanças do Estado.

Até este momento, o entendimento legislativo prevalecente era o da expressão *concorrência*, no sentido de procedimento adotado pela Administração "para selecionar, entre várias propostas apresentadas por particulares que pretendam oferecer serviços ou bens ao Estado, a que mais atende ao interesse da coletividade".[11]

A Lei nº 4.401/1964, ao estabelecer normas para a licitação de serviços e obras e aquisição de materiais no Serviço Público da União (SPU), restou por introduzir a palavra *licitação* como indicativa de todas as modalidades[12] do procedimento, que compreendiam: concorrência pública, concorrência administrativa, coleta de preços e tomada de preços.

Acerca desse aspecto, destaca José Cretella Júnior que o legislador federal andou bem ao empregar o vocábulo *licitação*, na acepção de

> (...) procedimento público seletivo prévio, gênero amplo que abrange quatro operações menores, antes não bem delineadas porque o vocábulo, mesmo nesta operação: a) é tradicional no campo do direito público brasileiro, b) foi definido de maneira exata na lei, c) houve um enriquecimento de sentido ou alargamento semântico que levou o termo a superar, abrangendo o instituto da concorrência pública, empregado pelo legislador de 1922, no Código de Contabilidade Pública da União e seu respectivo Regulamento, d) o vocábulo *licitação* é empregado, normalmente, pelos administrativistas e pelo direito positivo dos países de língua espanhola.[13]

Adotando a classificação proposta por André Rosilho, a segunda fase das licitações pública[14] se inicia com a promulgação do Decreto-Lei

---

[11] CRETELLA JÚNIOR, José. *Das licitações públicas*. Rio de Janeiro: Forense, 1993. p. 16.
[12] Aqui o instituto passa a se denominar Licitação Pública, como gênero de um processo competitivo, sendo as modalidades apenas indicativas do rito (procedimento) a ser adotado em cada caso concreto.
[13] CRETELLA JÚNIOR, *op. cit.*, p. 18; 413.
[14] Isso porque, entre a Lei nº 4.401/1964 e o Decreto-Lei nº 200/1967, há outras normas relevantes para o instituto da Licitação, tais como: 1) Decreto Federal nº 41.019, de 26/2/57, que em seu art. 71 afirmava que o governo federal poderia realizar concorrência pública para o estabelecimento e exploração de serviços de energia elétrica; 2) Lei nº 4.320, de 17 de março de 1964, ao dispor sobre elaboração de orçamento e balanço, determina em seu art. 70, que a "aquisição de material, o fornecimento e a adjudicação de obras e serviços

nº 200, de 25 de fevereiro de 1967 (arts. 125 a 144). Embora dispusesse sobre a organização da Administração Federal, regulou, nos artigos citados, a licitação no país, derrogando as normas até então vigentes contidas no Código de Contabilidade da União (1922). Foi o grande e inovador instrumento normativo do assunto, pois trouxe uma abordagem sistematizada da licitação.

Ainda está em vigor no tocante a alguns aspectos da organização da Administração Pública Federal.

Como corolário do período militar,[15] o Decreto-Lei nº 200/1967, se caracteriza pela

> (...) intenção do legislador de unificar; em escala nacional, os procedimentos de compras governamentais. Pela primeira vez o Governo central – comandado pelos militares desde 1964 – impôs às unidades federativas menores um conteúdo mínimo a ser obrigatoriamente observado por todo o Estado Brasileiro. Teve início, então, a tendência à uniformização da disciplina jurídica das contratações públicas, trilha seguida e alargada pelas reformas jurídicas posteriores.[16]

Em 1971, a Lei nº 5.721, de 26 de outubro, determinou a aplicação da parte relativa à licitação do Decreto-Lei nº 200/1967 ao Distrito Federal e respectivas autarquias (interpretação decorrente da redação do art. 125). Tratava, ainda, do procedimento para alienação de bens do Distrito Federal.

A partir da redação do já citado art. 125 do Decreto-Lei nº 200/1967, entendeu a maioria dos doutrinadores como inaplicáveis às entidades paraestatais[17] as normas desse decreto relativas à licitação, fato só alterado, posteriormente, pelo art. 86 do Decreto-Lei nº 2.300, de 21 de novembro de 1986.

Adiantados os estudos procedidos pela Câmara Brasileira da Indústria da Construção (CBIC) para apresentação de um projeto de

---

serão regulados em lei, respeitando o princípio da concorrência"; 3) Emenda Constitucional nº 15, de 1965, à Constituição de 1946, que inseriu o instituto da concorrência como temática constitucional; e 4) Lei nº 4.717, de 29 de junho de 1965, por inserir no ordenamento positivo brasileiro a figura da ação popular, consagrando o controle da Administração Pública e sistematizando a invalidade dos atos administrativos.

[15] Até porque todas as mudanças relevantes no instituto das licitações públicas estão diretamente relacionadas à ocorrência de marcantes fatos políticos da história do nosso país.

[16] ROSILHO, 2013, p. 48.

[17] Entenda-se por *entidades paraestatais* as empresas públicas, sociedades de economia mista e fundações públicas (estas, segundo o entendimento de Hely Lopes Meirelles, exarado na obra *Direito Administrativo brasileiro* (38. ed. São Paulo: Malheiros, 2012. p. 405-406), por serem pessoas jurídicas de direito privado.

lei reguladora das Licitações e Contratos administrativos, sobreveio o Decreto-Lei nº 2.300/1986, fruto do trabalho de Hely Lopes Meirelles, que o elaborou por encomenda do então ministro Saulo Ramos, para atender, como é sabido, a situações específicas, de interesse do governo federal. Dessa forma, no ano em questão, o presidente da República (José Sarney), invocando o art. 8º, inc. XVII, alínea "c", e o art. 55 da Constituição Federal de 1969, e alegando urgência, baixou o Decreto-Lei nº 2.300/1986, dispondo sobre o Estatuto Jurídico das Licitações e Contratos da Administração Federal centralizada e autárquica, reunindo normas gerais e especiais relacionadas à matéria.

Por força de seu art. 85, as normas gerais estabelecidas no decreto-lei se aplicavam aos estados, municípios, Distrito Federal e territórios. Os arts. 125 a 144 do Decreto-Lei nº 200/1967 foram então revogados.

Até então, o instituto da licitação, muito embora tivesse sofrido profundas alterações procedimentais, era visto como um *instrumento* a ser utilizado pelo poder público, objetivando, sem descurar de uma comparação efetiva entre ofertantes, julgar e escolher a proposta que lhe fosse mais favorável. Não se vislumbrava qualquer intenção de se caracterizar como atividade incrementadora de política pública, fosse de natureza econômica, fosse social.

Com propriedade adverte Floriano de Azevedo Marques Neto: "A licitação, cumpre frisar, é um meio e não um fim da atividade administrativa".[18]

No mesmo sentido, Lucas Rocha Furtado aponta ser a licitação uma atividade-meio, porquanto tem em vista celebrar um futuro contrato.[19]

O início da denominada 'terceira fase', segundo André Rosilho,[20] foi permeada pelo restabelecimento – ou estabelecimento – da democracia, o que acarretou ficarem as licitações pública impregnadas pela crença no papel transformador do direito:

---

[18] MARQUES NETO, Floriano Peixoto de Azevedo. Contrato administrativo: superveniência de fatores técnicos dificultadores da execução de obra. Inaplicabilidade dos limites de 25% de acréscimos. *Boletim de Licitações e Contratos (BLC)*, [S. l.], n. 2, p. 108, 2001. Na mesma linha: OLIVEIRA, Marcelo Andrade Cattoni. Processo administrativo no Estado Democrático de Direito. A questão da regularidade dos atos processuais administrativos. *Fórum Administrativo – FA*, Belo Horizonte, ano 1, n. 4, p. 429, jun. 2001.

[19] FURTADO, Lucas Rocha. *Curso de licitações e contratos administrativos*. Belo Horizonte: Fórum, 2007. p. 21.

[20] Essa terceira fase abarca o Decreto-Lei nº 2.300/1986, a Constituição Federal de 1988 (CF/88), bem como a Lei nº 8.666/1993.

Esse 'sentimento' de que o Direito tudo pode impactou profundamente o modelo jurídico de regulação das licitações, levando ao surgimento de uma nova era das contratações públicas. As regras jurídicas, (...), agora tornaram-se casuísticas, retirando da Administração Pública boa parte da margem de discricionariedade que tinha para decidir, caso a caso, a melhor forma de contratar. (...).

O destaque ocupado pelo Direito incentivou a valorização dos princípios jurídicos – a legalidade, a igualdade, a moralidade etc. –, que passaram a monopolizar o debate sobre contratações públicas, ofuscando a preocupação com a qualidade e a eficiência da gestão pública.

Outra relevante consequência dessa transformação – (...) – foi a redefinição do eixo da disciplina jurídica das licitações, que passou a se centrar no combate à corrupção. Dessa forma, ganhou força a ideia de que seria possível, através de regras jurídicas precisas e bem dirigidas, conformar a ação dos agentes públicos e privados, evitando-se, com isso, práticas ilícitas e imorais nas contratações estatais. Tem início a cultura administrativista dos procedimentos em oposição à de resultados.[21]

Com a promulgação da Constituição da República Federativa do Brasil, em 5 de outubro de 1988, operou-se a reconstitucionalização do Decreto-Lei nº 2.300/1986, especificamente de seu art. 85, que determinava sua aplicação a estados e municípios, em especial pela redação dada ao inc. XXVII do art. 22. Aliás, segundo Carlos Pinto Coelho Motta, ao elevar novamente a licitação "à altitude constitucional, reforça sobremaneira o instituto, possibilitando a reconstrução da lisura dos negócios públicos, a efetiva prestação de contas, enfim, o emprego regular do dinheiro público".[22]

O ministro Edson Vidigal do Superior Tribunal de Justiça (STJ), na Ação Penal nº 15, afirmou que:

O dinheiro público resultante da contribuição sofrida dos cidadãos, mediante tributos que lhe são impostos, não pode ser gasto fora dos parâmetros do bem comum (...). Uma pessoa investida da autoridade do poder público tem que estar sempre muito atenta para que, nem à sua sombra nem ao seu derredor, prosperem ações que possam comprometer a moral imprescindível do exercício da autoridade.[23]

---

[21] ROSILHO, 2013, p. 64-65.
[22] MOTTA, 2011, p. 6.
[23] STJ. Ação Penal 15. Relator: Min. Edson Vidigal. *RDA* 181-182, p. 123, 1990.

Passa a Licitação a ter *status* de princípio constitucional (art. 37, inc. XXI), de observância obrigatória pela Administração Pública Indireta de todos os Poderes da União, estados, Distrito Federal e municípios, apenas sendo dispensada ou inexigida nos casos expressamente previstos em lei.[24]

Em decorrência, desenvolveu-se

> (...) verdadeira aspiração nacional em torno da estruturação de uma verdadeira Lei Nacional de Licitações e Contratos Administrativos: uma lei que incorporasse e desenvolvesse os novos princípios da Constituição de 1988; que assegurasse sua real aplicabilidade em âmbito nacional; que fosse expurgada dos detalhes e minúcias somente direcionados para a Administração Federal; que, por fim, fosse despojada de uma série de casuísmos e permissibilidade que escancaravam as portas para abusos de toda sorte, e que facilitavam a proliferação da corrupção administrativa, sem que se aparelhasse a Administração Pública para efetivamente coibi-los.[25]

Como consequência do *impeachment* do presidente da República, Fernando Collor de Melo, associado à descoberta de corrupção no famoso 'caso PC Farias', e ainda, pela análise das irregularidades no relacionamento das empreiteiras com o governo federal, foi promulgada a Lei nº 8.666, em 21 de junho de 1993, com a função de 'moralizar' o Estado brasileiro.[26]

Após sua sanção, foi emendada e modificada por sucessivas medidas provisórias, tendo sofrido ainda o impacto de um plano de

---

[24] "A Constituição Federal de 1988, apesar de não ser, por óbvio, diploma normativo voltado exclusivamente à disciplina das contratações públicas, impactou significativamente no tema, merecendo estudo em apartado. Afinal, ela foi responsável pela constitucionalização das licitações e contratos, anteriormente abordados apenas pela legislação infraconstitucional" (ROSILHO, 2013, p. 83).

[25] BORGES, Alice Maria Gonzalez. Aplicabilidade de normas gerais de lei federal aos Estados. Revista de Direito Administrativo *(RDA)*, Rio de Janeiro, n. 194, p. 97-106, out./dez.1993.

[26] "Em função do momento histórico que o Brasil vivia, estas questões de custo não foram as centrais no debate que antecedeu a edição da Lei 8.666/1993. Se pudesse sintetizar em uma frase o objetivo geral dessa lei, eu diria que ela procurou neutralizar o administrador público, 'declarar sua morte'. Era preciso fazê-lo desaparecer, para evitar que ele pudesse ser agente de desvios, eliminado, assim, sua discricionariedade. Também era preciso eliminar a possibilidade de atuação dos legisladores municipal e estadual, razão pela qual a lei nacional procurou estabelecer, ela própria, procedimentos, exigências e restrições bastante detalhadas" (SUNDFELD, Carlos Ari. Como reformar as licitações? In: SUNDFELD, Carlos Ari. *Contratações públicas e seu controle*. São Paulo: Malheiros, 2013. p. 268).

estabilização econômica (Plano Real) e de alguns decretos regulamentadores: de reajuste de preços, de informática etc.[27]

Muito embora elaborada para evitar a ocorrência de práticas delituosas nos certames licitatórios, em verdade, a referida legislação, ao firmar o paradigma do "menor preço", restou por imprimir, na prática, limitações ao uso do poder de compra como instrumento de indução do desenvolvimento. Isso porque acabou por impor e estender o dever de licitar para os

> (...) contratos cujos objetos não se encaixam no conceito estrito de serviços, compras e obras (é o caso dos contratos de uso de bens públicos), e mesmo em situações para as quais a licitação não parece uma solução razoável (casos de serviços de natureza intelectual, em que disputas por critérios muito objetivos dão sempre resultados ruins; e de muitas situações envolvendo empresas estatais).[28] [29]

Como resultado da conversão das sucessivas medidas provisórias, a Lei nº 8.883, de 8 de junho de 1994, consolidou a Lei nº 8.666/1993. Após um período de indefinições e dificuldades de toda sorte para intérpretes e aplicadores, reintroduziu na norma legal vários trechos vetados, escoimando-os de suas incorreções, modificando ainda mais de três dezenas de dispositivos.

O fim pretendido pela Lei nº 8.666/1993 era instaurar um controle nos procedimentos de contratação realizados pelo poder

---

[27] Curiosamente, em 20 anos de vigência, pode-se afirmar já ter a Lei nº 8.666/1993 sofrido por volta de 20 alterações, seja por modificações diretas em seus artigos, seja pela expedição de outras normas que trazem procedimentos de competição específicos.

[28] SUNDFELD, 2013, p. 21.

[29] "O regime jurídico das licitações da Administração Pública brasileira parece fadado a suportar permanente 'conspiração' legislativa contra a consolidação de um sistema estável, apto a garantir o equilíbrio entre os interessados em ter acesso, disputando-as isonomicamente, às contratações de obras, bens e serviços pelo Estado.
A 'conspiração' tornou-se ostensiva a partir da edição da Lei federal nº 8.666/1993, cuja pretensão é a de estabelecer um sistema nacional de normas gerais, em tese destinado a viabilizar a implementação de princípios e a instituir um padrão de conduta jurídico-normativa na matéria, com validade e força cogente para todas as esferas e em todos os níveis da gestão pública brasileira" (PEREIRA JÚNIOR, Jessé Torres; DOTTI, Marinês Restellato. As Sociedades Cooperativas e o tratamento privilegiado concedido às microempresas e empresas de pequeno porte (Lei Complementar nº 123/06 e Lei nº 11.488/07). *Revista Virtual da AGU*, Brasília, DF, ano VII, n. 71, dez. 2007. Disponível em http://www.agu.gov.br/sistemas/site/TemplateTexto.aspx?idConteudo=79802&ordenacao=1&id_site=1115. Acesso em: 30 set. 2024).

público, destarte, com a inserção no texto constitucional do princípio da eficiência,[30] houve um fortalecimento do princípio da economicidade já previsto no art. 70 da Constituição.

Como consequência, tanto a doutrina quanto a jurisprudência se postaram contra a visão excessivamente formalista da Lei nº 8.666/1993, o que abriu caminho para uma nova sistemática procedimental.

Na esteira do regulamento elaborado pela Agência Nacional de Telecomunicações (Anatel), em face do contido nos arts. 54 e 55 da Lei nº 9.472, de 16 de julho de 1997, para racionalizar as licitações, o governo federal expediu a Medida Provisória nº 2.026, de 4 de maio de 2000, sucessivamente reeditada e posteriormente renumerada para Medida Provisória nº 2.108, de 27 de dezembro de 2000, com várias reedições. Depois, alterada pela Medida Provisória nº 2.182, de 16 de junho de 2001, com reedições, acabou por instituir, no âmbito da União, a modalidade de licitação denominada pregão,[31] para a aquisição de bens e serviços comuns.

Lembra André Rosilho que o pregão

> (...) tem uma marca registrada: surgiu em duas etapas. A primeira vez que a legislação brasileira fez menção a esta modalidade licitatória foi na Lei 9.472/1997, a Lei Geral de Telecomunicações/LGT. Posteriormente o governo federal decidiu expandi-lo para toda a Administração Pública por meio da edição de uma medida provisória. Foi apenas com a conversão da medida provisória em lei que o pregão consolidou-se no cenário jurídico nacional, aplicando-se irrestritamente à União, aos Estados e aos Municípios.[32]

Convertida na Lei nº 10.520, de 17 de julho de 2002, acabou por instituir uma nova modalidade licitatória, de observância obrigatória para a União, estados, Distrito Federal e municípios.

---

[30] Para Emerson Gabardo (*Princípio constitucional da eficiência administrativa*. São Paulo: Dialética, 2002. p. 100-145), a ordem jurídico-social posta na Constituição de 1988 impede que o princípio da eficiência seja resumido a uma verificação econômica da relação custo-benefício. Deve-se considerar: (i) a peculiaridade ontológica do princípio: para Juarez Freitas, o administrador público está obrigado a obrar tendo como parâmetro o ótimo, entendido no sentido mais abrangente possível, para representar um ideal de qualificação estrutural e funcional; (ii) o fato de englobar outros conceitos afins: eficácia, efetividade, racionalização, produtividade, economicidade e celeridade e (iii) compreende os tradicionais princípios do bom andamento e da boa administração.

[31] Criado como uma nova modalidade, o pregão não teve o condão de revogar a Lei nº 8.666/1993, por se tratar de norma especial, bem como porque o art. 9º da Lei nº 10.520/2002 determina a aplicação subsidiária do Estatuto Licitatório.

[32] ROSILHO, 2013, p. 185.

Para Carlos Ari Sundfeld, o surgimento do pregão é uma resposta a alguns dos problemas da Lei nº 8.666/1993, porque se "procurou adotar visão que levasse em conta o custo e o tempo. A razão para o surgimento desta inovação reside no fato de que, se não houvesse simplificação do procedimento de licitação, a tendência de fuga se perpetuaria".[33]

À época, o art. 4º, §1º, do Decreto Federal nº 5.450, de 31 de maio de 2005,[34] regulamentou e tornou obrigatória a utilização do pregão na forma eletrônica,[35] para a aquisição de bens e serviços comuns, salvo nos casos de comprovada inviabilidade, a ser justificada pela autoridade competente. O pregão pode realizar-se em reunião pública, com a presença dos licitantes – pregão presencial, ou por meio de tecnologia da informação (*internet*) – pregão eletrônico.

O Ministério do Planejamento, Orçamento e Gestão, no âmbito de sua competência, por intermédio da Secretaria de Logística e Tecnologia da Informação (SLTI), sob a competência do seu Departamento de Logística e Serviços Gerais (DSLG), órgão gestor do SISG, responsável pela formulação das políticas e diretrizes nas áreas da Administração de Materiais, Bens e Serviços Comuns, Licitações e Contratações Governamentais, atuou na implementação das rotinas e procedimentos destinados às melhorias na utilização do sistema. A implementação do Portal de Compras do governo federal (Comprasnet) restou por conciliar o uso abrangente dos recursos de tecnologia da informação com a melhoria do arcabouço legal na gestão das compras e contratações públicas, permitindo a ampliação do leque de funcionalidades oferecido, bem como a forma de acesso.

Destaca-se que a adoção do procedimento eletrônico para a modalidade pregão decorreu de um dos objetivos inseridos pela Reforma do Aparelho de Estado, implementada por Luiz Carlos Bresser Pereira, então ministro da Administração Federal e Reforma do Estado, denominado de marco legal para o governo eletrônico.

Tratava-se de política que visava aplicar a tecnologia da informação no aprofundamento das ações de reforma da Administração

---

[33] SUNDFELD, 2013, p. 271.
[34] Revogado em 2019, pelo Decreto Federal nº 10.024.
[35] Lei nº 10.520/2002:
"Art. 2º - (...)
(...)
§1º Poderá ser realizado o pregão por meio da utilização de recursos de tecnologia da informação, nos termos de regulamentação específica".

Pública, em especial nos aspectos de melhoria da prestação de serviços ao cidadão, acesso a informações, redução de custos e controle social sobre as ações de governo.[36]

O governo eletrônico, ou *e-Gov*, foi um período em que os cidadãos puderam acessar e usar serviços públicos e privados de forma mais conveniente e confortável, graças ao uso de tecnologias. Com o avanço das tecnologias, o governo eletrônico foi substituído pelo governo digital.

No ano de 2011, foi expedida a Lei nº 12.462, de 4 de agosto, dispondo sobre uma nova sistemática de licitação denominada Regime Diferenciado de Contratações Públicas (RDC), aplicável, de início, exclusivamente às licitações e contratações necessárias à realização dos Jogos Olímpicos e Paraolímpicos de 2016, constantes da Carteira de Projetos Olímpicos a ser definida pela Autoridade Pública Olímpica (APO); da Copa das Confederações da Federação Internacional de Futebol Associação (Fifa) 2013 e da Copa do Mundo Fifa 2014, definidos pelo Grupo Executivo (Gecopa) 2014 do Comitê Gestor instituído para definir, aprovar e supervisionar as ações previstas no Plano Estratégico das Ações do Governo Brasileiro para a realização da Copa do Mundo Fifa 2014 (Cgcopa) 2014, restringindo-se, no caso de obras públicas, às constantes da matriz de responsabilidades celebrada entre a União, estados, Distrito Federal e municípios; de obras de infraestrutura e de contratação de serviços para os aeroportos das capitais dos Estados da Federação distantes até 350 km das cidades sede do mundial de seleções.[37]

Sucessivas alterações na legislação do RDC estenderam seu campo de utilização.

Após 27 anos de vigência, fomos "surpreendidos", no dia 10 de dezembro de 2020, com a aprovação pelo Senado Federal do Projeto de Lei nº 4.253. Tramitando há mais de duas décadas – a iniciativa original data de 1995 – as mudanças extremas que o texto sofreu ao longo do processo sugeriam serem pequenas as chances de uma nova lei de licitações e contratos, projeção esta que, como se viu, não se confirmou.

---

[36] Disponível em: https://www.bresserpereira.org.br/documents/mare/Implementation/enap.pdf. Acesso em: 20 set. 2024.
[37] Para Carlos Ari Sundfeld (2013, p. 24), o RDC "claramente se encaminhou mais pela linha do aprofundamento da disputa (impondo, em princípio, um modelo de licitação inspirado no pregão, por exemplo) que por seu oposto".

No dia 1º de abril de 2021, foi promulgada a Nova Lei de Licitações e Contratos – Lei nº 14.133. Tendo entrado em vigor na data de sua publicação, conviveu com a Lei nº 8.666/1993, a Lei nº 10.520/2002 (pregão) e os arts. 1º à 47-A da Lei nº 12.462/2011 (RDC), até o dia 30 de dezembro de 2023, momento em que foram totalmente revogadas.[38]

2.2 Principais inovações trazidas pela Lei nº 14.133/2021

Como acontece com toda inovação legislativa, a doutrina tem travado acalorado debate sobre a Lei nº 14.133/2021: para alguns, "parece um grande museu de novidades", já que incorporou institutos consagrados em leis especiais, positivou orientações dos órgãos de controle e apresentou texto prolixo;[39] para outros, há "avanços pontuais; entretanto, a Nova Lei reproduz a mesma gênese excessivamente burocrática, excessivamente formalista, excessivamente engessada e excessivamente desconfiada da Lei nº 8.666/1993;[40] há quem ilustre a Nova Lei como equivalente a um New Beetle, nos moldes de um fusquinha aprimorado;[41] há ainda aqueles que visualizam na lei grandes e profundas inovações.[42]

Sem ignorar que muitos dos instrumentos nela previstos realmente já constavam em outras legislações, não se pode negar que a principal novidade da Lei nº 14.133/2021, não encontrando qualquer correspondência na Lei nº 8.666/1993, é ter uma linha mestra baseada na governança das contratações, a ser necessariamente implementada pela alta administração do órgão ou entidade (p. único do art. 11 cc art. 169).

Sobre o tema, o TCU elaborou a seguinte definição para a governança das aquisições, com base no conceito macro de governança pública:

---

[38] Redação dada ao inc. II do art. 193,da Lei nº 14.133/2021, pela Lei Complementar nº 198/2023.
[39] OLIVEIRA, Rafael Carvalho Rezende. A nova Lei de Licitações: um museu de novidades? *Conjur*, São Paulo, 23 dez. 2020. Disponível em: https://www.conjur.com.br/2020-dez-23/rafael-oliveira-lei-licitacoes-museu-novidades. Acesso em: 30 set. 2024.
[40] NIEBUHR, Joel de Menezes. *Licitação pública e contrato administrativo*. 5. ed. Belo Horizonte: Fórum, 2022. p. 54.
[41] Analogia utilizada por Ronny Charles Lopes de Torres em diversas palestras e aulas.
[42] OLIVEIRA, *op. cit.*

Governança das aquisições compreende essencialmente o conjunto de mecanismos de liderança, estratégia e controle postos em prática para avaliar, direcionar e monitorar a atuação da gestão das aquisições, com objetivo de que as aquisições agreguem valor ao negócio da organização, com riscos aceitáveis.[43]

Como alertado por Isabella Brito:

Trata-se de um conceito em construção, cujo escopo vem sendo delineado pelas boas práticas em planejamento e gestão e disseminado por meio de acórdãos e novos normativos infralegais. Em suma, governança nas aquisições refere-se ao conjunto de diretrizes, estruturas organizacionais, processos e mecanismos de controle que visam assegurar que as decisões e as ações relativas à gestão das compras e contratações estejam alinhadas às necessidades da organização, contribuindo para o alcance das suas metas (art. 2º, II da Resolução TCU nº 247/2011).[44]

Nessa toada, a Lei nº 14.133/2021 estabelece, em seu art. 11, p. único, que a alta administração do órgão ou entidade é responsável pela governança das contratações e deve implementar processos e estruturas, inclusive de gestão de riscos e controles internos, para avaliar, direcionar e monitorar os processos licitatórios e os respectivos contratos, com o intuito de alcançar os objetivos estabelecidos no *caput* desse artigo, promover um ambiente íntegro e confiável, assegurar o alinhamento das contratações ao planejamento estratégico e às leis orçamentárias e promover eficiência, efetividade e eficácia em suas contratações.

Mais adiante, em seu art. 169, inc. I, prevê que as contratações públicas deverão submeter-se a práticas contínuas e permanentes de gestão de riscos e de controle preventivo, inclusive mediante adoção de recursos de tecnologia da informação, e, além de estar subordinadas ao controle social, sujeitar-se-ão à primeira linha de defesa, integrada por servidores e empregados públicos, agentes de licitação e autoridades que atuam na estrutura de governança do órgão ou entidade.

Consagrada está, a governança como elemento de planejamento nas contratações públicas, alicerce que foi sedimentado com a publicação

---

[43] Relatório da TC nº 025.068/2013-0, que deu origem ao Acórdão nº 2.622/2015 – Plenário. Relator: Min. Augusto Nardes.

[44] BRITO, Isabella. Governança em Contratações Públicas: a transformação passa pelos meios. *Portal L&C*, [S. l.], [2024]. Disponível em: http://www.licitacaoecontrato.com.br/assets/artigos/artigo_download_62.pdf. Acesso em: 30 set. 2024.

da Portaria SEGES/ME nº 8.678/2021, dispondo sobre a governança das contratações públicas no âmbito da Administração Pública Federal, autárquica e fundacional, dispondo em seu art. 6º expressamente que os instrumentos da governança são, entre outros, o Plano Diretor de Logística Sustentável (PLS), o plano de contratações anual (PCA), a política de gestão de estoques, a política de compras compartilhadas, a gestão por competências, a política de interação com o mercado, a gestão de riscos e controle preventivo, as diretrizes para a gestão dos contratos e a definição de estrutura da área de contratações públicas.

Evidente, então, que o alcance da governança somente se dará, por um lado, com a qualificação, capacitação e certificação dos agentes envolvidos, o que possibilitará a elevação do nível de eficiência, eficácia e efetividade das aquisições e, por outro, com a melhoria das etapas preparatórias do processo de contratação, garantindo concretude a ideia de planejamento.

Dentre os diversos elementos a serem analisados quando do planejamento destaca-se a preocupação da Lei nº 14.133/2021 com os objetos a serem contratados. Enquanto a Lei nº 8.666/1993 enumerava os objetos sobre os quais recaiam seu procedimentos, a Lei nº 14.133/2021 referenciou as pretensões contratuais que serão submetidas ao seu regime jurídico, quais sejam: alienação e concessão de direito real de uso de bens; compra, inclusive por encomenda; locação; concessão e permissão de uso de bens públicos; prestação de serviços, inclusive os técnico-profissionais especializados; obras e serviços de arquitetura e engenharia; contratações de tecnologia da informação e de comunicação (art. 2º).[45] Não obstante se trate de rol meramente exemplificativo, contempla um elenco composto basicamente por contratos de colaboração.[46]

A Nova Lei não foi disruptiva como se pensava, pois manteve a sistemática já existente, não obstante tenha inserido e tratado de outras temas indiretamente relacionados às contratações públicas. Assim:

---

[45] STROPPA, Christianne de Carvalho. Artigos 1º a 4º. *In*: DAL POZZO, Augusto; CAMMAROSANO, Márcio; ZOCKUN, Maurício (coord.). *Lei de Licitações e Contratos Administrativos comentada*: Lei 14.133/2021. São Paulo: Thomson Reuters Brasil, 2021. p. 31.

[46] Tem por objeto prestação determinada, a ser executada por uma das partes para integração no patrimônio da outra. São usualmente bilaterais e comutativos, envolvendo o desembolso de recursos por parte da Administração em favor do particular (JUSTEN FILHO, Marçal. *Comentários à Lei de Licitações e Contratações Administrativas*. São Paulo: Thomson Reuters Brasil, 2021. p. 67).

a. consolida um sistema fragmentado, colocando todos os tipos envolvidas no processo de contratação em uma única lei.
b. reafirma a centralidade do Tribunal de Contas da União no Direito Administrativo Contratual brasileiro, refletindo jurisprudências consolidadas.
c. Lei analítica e detalhada – contraponto o desejo de uma lei mais principiológica e de diretrizes de acordo com cada área de expertise/mercado.
d. traz em seu bojo questões que já haviam sido solucionadas em Instruções Normativa (ex.: Estudo Técnico Preliminar – IN nº 40/20; Pesquisa de Preços – IN nº 73/20; Repactuação – IN nº 05/17).
e. incorpora o denominado Direito Administrativo dos Negócios (o da Administração de papelaria, que age por autos e atos, trata direitos e deveres em papel, é estatista, desconfia dos privados, despreza a relação tempo, custos e resultados, não assume prioridades) com as necessidades cotidianas da Administração, em contraposição ao Direito Administrativo dos Clips (se focam em resultados e, para obtê-los, fixam prioridades, e com base nelas gerenciam a escassez de tempo e de recursos).[47] Assim, inova ao tratar de temas como Procedimento de Manifestação de Interesse (arts. 78, III e 81), Arbitragem (arts. 138 e 151 a 154), Startups (art. 81, §4º).
f. cria o Portal Nacional de Contratações Públicas (PNCP), enquanto sítio eletrônico oficial destinado à divulgação centralizada e obrigatória dos atos exigidos pela Lei (art. 174, inc. I, da Lei nº 14.133/2021), como concretização da transparência ativa.
g. tem a intenção de concretizar o Governo Digital e com mecanismos de centralização.
h. introduz novos princípios (eficiência, interesse público, planejamento, transparência, eficácia, segregação de funções, motivação, segurança jurídica, razoabilidade, proporcionalidade, celeridade, economicidade e desenvolvimento nacional sustentável).
i. inverte a fase de habilitação: o procedimento passa a ser semelhante ao da antiga modalidade pregão.
j. institui o princípio da virtualização do procedimento licitatório, porquanto os atos serão preferencialmente praticados de forma digital (art. 12, VI). O procedimento deverá ocorrer na forma eletrônica (art. 17, §2º), mas será admissível a forma presencial desde que motivada - sessão pública registrada em ata e gravada em áudio e vídeo. (art. 17, §2º).

---

[47] SUNDFELD, Carlos Ari. Direito Administrativo em 2006: entre papéis e negócios. *Conjur*, São Paulo, 21 dez. 2006. Disponível em: https://www.conjur.com.br/2006-dez-21/direito_administrativo_oscila_entre_papeis_negocios?pagina=2. Acesso em: 3 out. 2024.

k. o orçamento poderá ser sigiloso, desse que justificado (art. 24): a exceção será para os órgãos de controle e quando o critério de julgamento for o de maior desconto. A publicidade do orçamento deve ocorrer (art. 13, II), entretanto a Lei não indica o momento para isso.

l. previsão da fase preparatória de licitações na fase interna: adição do estudo técnico preliminar. Em termos gerais, procedimentaliza a fase interna da licitação (art. 18).

m. maior poder discricionário para realizar audiências (presencial e de modo oral) e consultas (encaminhamento das sugestões via documental/eletrônica) públicas (art. 21).

n. consagração da função regulatória dos contratos, atendendo valores constitucionais ao invés da simples concepção da proposta economicamente mais vantajosa.

o. Insere a modalidade diálogo competitivo.

p. absorção do PMI na legislação em fase preliminar da licitação (arts. 78, III e 81). Também há a previsão para PMI para Startups (art. 81, §4º).

q. previsão de matriz de risco, alocando-se o risco para a parte que melhor puder solucionar o caso (arts. 6º, 22, 92, IX, 103, 133, IV).

r. reconhecimento de que em todos os contratos poderá ser utilizado métodos alternativos de solução de conflitos, cada qual adequado ao caso concreto (art. 151).

s. redução da discricionariedade administrativa na aplicação de sanções – maior tipicidade e correlação entre a infração e a sanção (arts. 154 e 155).

t. exigência de seguro garantia em obras de grande vulto: visando solucionar a inexecução de obras públicas. Maior fiscalização da seguradora na execução dos contratos. A seguradora também pode assumir a execução do contrato (cláusula *step-in-right*) (arts. 99 e 102).

u. consequencialismo antes da suspensão/anulação de contratos (arts. 147 a 150).

v. novos prazos de duração de contratos – prazos distintos para cada área.

Tem a Lei nº 14.133/2021 a intenção de concretizar o governo digital, expressão utilizada pela Lei nº 14.129/2021,[48] que implica novos meios de interação entre os entes públicos e a sociedade, bem como de condução de procedimentos em seus domínios internos,

---

[48] Atentar para a Lei nº 14.129/21, que dispõe sobre princípios, regras e instrumentos para o governo digital e para o aumento da eficiência pública.

manifestando-se em diversos planos, de acordo com Cecilia de Aguillar Leindorf[49] como a e-governança, a incidir no *modus operandi* interno administrativo (como exemplo, a utilização de plataforma digital para prática de atos relativos à vida de servidores públicos, como marcação de férias, licenças, consultas aos dados funcionais de forma geral); a e-serviços, e que corresponde ao relacionamento com cidadãos (desde prestação de informações fiscais, obtenção de certificados, realização de inscrições em certames em geral, obtenção de informações, marcação de consultas médicas, exames); a e-democracia, que cuida da participação da sociedade nos processos de tomadas de decisões estatais, via, por exemplo, consultas e audiências públicas.

Isso fica evidenciado pela referência à forma eletrônica das licitações (art. 17, §2º), prática de atos em formato eletrônico (art. 17, (§4º) e pela criação do Portal Nacional de Contratações Públicas (PNCP) (art. 174).

Por essa razão, não há impedimento da Administração Pública utilizar mecanismos eletrônicos para a realização de contratações públicas eficientes, ainda que não expressos na Lei nº 14.133/2021.

2.3 Impactos esperados na gestão pública

Enquanto a governança é a função direcionadora, já que responsável por estabelecer a direção a ser tomada, com fundamento em evidências e levando em conta os interesses da sociedade brasileira e das partes interessadas, a gestão é a função realizadora, visto que responsável por planejar a forma mais adequada de implementar as diretrizes estabelecidas, executar os planos e fazer o controle de indicadores e de riscos.[50]

Nesse contexto, para que a Administração Pública possa gerar valor à sociedade, é necessário discutir e implementar mecanismos de inovação, cujo debate atrai a discussão sobre regulação e eficiência. Em especial, porque nos deparamos com questões que acabam por retardar e até impedir a adoção de novas modelagens de contratação. São elas:

---

[49] LEINDORF, Cecilia de Aguillar. E-Democracia brasileira: fundamentos legais e Big Data. In: LEINDORF, Cecilia de Aguillar. *Direito Público Digital e novas tecnologias*. Curitiba: 2023. p. 65-84.

[50] Disponível em: https://portal.tcu.gov.br/governanca/governancapublica/governanca-no-setor-publico/. Acesso em 2 out. 2024.

- racionalidade limitada: tempo, informação e recursos são escassos, obrigando a uma decisão "sub-ótima".
- aversão ao risco, em decorrência do controle multiportas: apagão das canetas.
- busca do "gestor médio": art. 22 da LINDB.
- não há estrutura adequada de incentivos ao avanço institucional e adoção de mecanismos experimentais na gestão pública.

Esse cenário acarreta o que Paulo Modesto classifica como direito administrativo convencional, o qual uniformiza, estiliza e idealiza o *homo administrativus*, criando um personagem fictício: gestor público permanentemente capaz da melhor decisão, a partir de completa informação empírica e pleno conhecimento de seu ambiente regulatório, pronto a responder de modo ótimo aos desafios do interesse público.[51]

Como esse cenário não é real, mas, em contrapartida, há necessidade, até para aprimorar o atendimento dos interesses públicos, é necessário reconhecer à Administração Pública a possibilidade de experimentação. Para tanto, pode receber suporte direto do legislador ou derivar de decisões conscientes de gestores, que empregam espaços regulatórios delegados à Administração para ensaios de microssistemas normativos especiais.

A experimentação jurídico-administrativa pressupõe "quebra de uniformidade e reconhecimento do ambiente regulatório como fator decisivo para o desenho de serviços novos, de impacto singular e valor público".[52] Assim, envolve análise controlada de erros e acertos, descoberta da dose certa de disciplina normativa e avaliação de impacto regulatório.

Em complemento, reflete uma Administração Pública madura, em que as estruturas gerenciais estão aptas e qualificadas para implementar mecanismos inovadores de contratação.

Assim, o uso de mecanismos inovadores de contratação, que pressupõe uma maturidade institucional, até porque decorrente da qualificação dos atores envolvidos, acarretando uma gestão pautada na eficiência, eficácia, efetividade e economicidade.

---

[51] MODESTO, Paulo. *Direito Administrativo da experimentação*. São Paulo: Juspodivm, 2024. p. 28.
[52] *Ibidem*, p. 38.

2.4 Vetores da eficiência, sustentabilidade e inovação nas contratações públicas

A Lei nº 14.133/2021 tem como alicerces a eficiência, inovação e sustentabilidade, que são vitais para a efetividade da governança das contratações. A ideia de eficiência, cujo princípio foi expressamente inserido no *caput* do art. 37 da Constituição Federal de 1988, pela Emenda Constitucional nº 19/1998, pressupõe que a atividade do Estado deve ser exercida de forma a ser o mais satisfatória possível; relacionando-se à boa gestão dos recursos e serviços públicos, e podendo ser resumido como a busca pelo melhor resultado possível com o menor custo.

Sustentabilidade é o suprimento das necessidades do presente sem o comprometimento da capacidade das gerações futuras de satisfazerem as próprias necessidades.

Essa é a definição da Organização das Nações Unidas (ONU), divulgada em 1987 no relatório *Our Common Future*, também chamado de Relatório Brundtland.

O desenvolvimento sustentável deve ser entendido como um processo de transformação no qual a exploração dos recursos, a direção dos investimentos, a orientação do desenvolvimento tecnológico e a mudança institucional se harmonizam e reforçam o potencial presente e futuro, a fim de atender as necessidades e aspirações humanas.[53]

A inovação, por sua vez, é conceituada como "a introdução de novidade ou aperfeiçoamento no ambiente produtivo e social que resulte em novos produtos, serviços ou processos ou que compreenda a agregação de novas funcionalidades ou características a produto, serviço ou processo já existente que possa resultar em melhorias e em efetivo ganho de qualidade ou desempenho" (art. 2º, inc. IV, da Lei nº 10.973/2004, com redação dada pela Lei nº 13.243/2016).

> É nesse contexto que deve ser compreendida a previsão contida na Lei nº 14.133/2021 que determina o incentivo à inovação como um dos objetivos do processo licitatório. Para além disso, essa importante novidade trazida pela lei precisa ser compreendida à luz do novo paradigma que a informa, bem distinto daquele a partir do qual foi concebida a Lei nº 8.666/1993, sob pena de se frustrar por completo os seus objetivos.[54]

---

[53] BRUNDTLAND, Gro Harlem. *Nosso futuro comum*: Comissão Mundial sobre Meio Ambiente e Desenvolvimento. 2. ed. Rio de Janeiro: Editora FGV, 1991.

[54] PAULA, Rodrigo Francisco de. Administração pública e o incentivo à inovação na Nova Lei de Licitações: reflexões sobre um novo paradigma para o controle das contratações

Para que a Administração Pública consiga ser inovadora, dando concretude à eficiência e à sustentabilidade, a participação do mercado vendedor, na preparação do processo licitatório, pode auxiliar na melhoria qualitativa do processo.

> Pudesse o Mercado Vendedor participar da preparação do processo licitatório, e certamente as compras públicas seriam melhores. Seriam elas o reflexo dos anseios econômicos, com todas as suas especificidades e dificuldades. As particularidades do momento econômico de determinado segmento empresarial poderiam ser capturadas pelo Estado Comprador, que refletiria no seu processo de compra a mais adequada formatação de negócio para aquele contexto.[55]

Não se espera solucionar a questão atinente à participação do mercado vendedor no processo de contratação, à qual ganhou novos contornos com a Lei nº 14.133/2021, mas, ciente de que os campos de aplicação da inteligência artificial estão sendo cada vez mais ampliados, há caminhos para uma compra pública inteligente. Dentre eles destacam-se as compras inovadoras, no sentido delineado por Luciano Elias Reis: "(...) são aquelas contratações públicas que têm foco direto ou indireto num objeto científico, inovador ou tecnológico, assim como nos casos em que visa à promoção e ao direcionamento de agentes para tais setores como encargo da remuneração obtida a partir de uma verba pública".[56]

A rede mundial de computadores trouxe profundas modificações na forma como as pessoas e as empresas cotam preços, comparam produtos e efetivam suas compras. Nesse contexto, por que a Administração Pública também não pode se beneficiar dessa dinâmica de aquisição, ciente de que ela propicia ganhos exponenciais de eficiência nas contratações, especialmente em razão da economia de tempo e dinheiro?[57]

Para tanto, constam do texto da lei uma série de medidas para tornar mais célere as contratações públicas. A criação de novos modais

---

públicas. *Revista do Tribunal de Contas do Estado de Santa Catarina – RTCE/SC*, Belo Horizonte, ano 1, n. 1, p. 2, maio/out. 2023.

[55] MIGUEL, Luiz Felipe Hadlich. *Compras públicas inteligentes*: e-marketplace público, o fim das cláusulas exorbitantes. Rio de Janeiro: Lumen Juris, 2024. p. 26-27.

[56] REIS, Luciano Elias. *Compras públicas inovadoras*: de acordo com a Nova Lei de Licitações e o marco regulatório das *startups*. Belo Horizonte: Fórum, 2022. p. 171.

[57] MIGUEL, 2024, p. 115-116.

voltados a melhorar a qualidade das licitações, foi a saída encontrada pelos legisladores para dar mais segurança aos gestores e agilidade às contratações públicas.

Nesse espectro de procedimentos inovadores cite-se o credenciamento em mercado fluido que tem uma modelagem distinta do procedimento tradicional, buscando a flexibilização e dinamização de contratações de soluções que não se adequam ao procedimento comum.

Esse procedimento diferenciado pressupõe uma arquitetura moderna, na qual o regime de preços não é previamente fixado pela Administração Pública, mas ofertado, conforme a demanda, pelos credenciados em um movimento dinâmico, ou seja, "os preços são flexíveis e variáveis com base na demanda, oferta, preço da concorrência, preços de produtos substitutos ou complementares, podendo mudar, inclusive, de cliente para cliente".[58] Ainda com o objetivo de atender aos preceitos legais da melhoria do gasto público, esse novo modal oferece uma série de benefícios que serão tratados em item específico neste livro.

Um dos principais pontos, como já dito, é que esse procedimento oferece a oportunidade de disponibilizar uma plataforma eletrônica para os fornecedores registrarem suas ofertas. De acordo com Yara Darcy Police Monteiro:[59] "O serviço que se pretende alcançar por meio do processo licitatório deve acontecer a tempo e a hora. De nada adianta conseguir a melhor proposta de contrato que venha com atraso de dois, três, cinco, seis meses".

Ora, se a lei de licitações permite esse ambiente eletrônico de interação com o mercado, qual a razão aventada para repudiar a adoção desse novo método de contratação? Por que manter modelos inadequados às demandas das organizações ou desconfigurar o procedimento flexibilizado pela lei? Vale, aqui, trazer à colação a diferenciação que faz Marçal Justen Filho[60] acerca do formalismo da Lei e da sua aplicação:

> De todo modo, é necessária uma distinção entre formalismo da lei e formalismo na aplicação da lei; e esta talvez seja uma circunstância que tenha acarretado um agravamento do sistema de lei. Ou seja, o formalismo na aplicação da lei é ainda maior que o formalismo da lei. Trata-se de

---

[58] TORRES, Ronny Charles Lopes de. *Leis de licitações públicas comentadas*. 11. ed. Salvador: Juspodivm, 2021. p. 456.
[59] MONTEIRO, Yara Darcy Police. Ato convocatório: vícios insanáveis. *Boletim de Licitações e Contratos (BLC)*, [S. l.], ano X, n. 9, p. 473, set./1997.
[60] JUSTEN FILHO, Marçal. Ato convocatório: vícios insanáveis. *Boletim de Licitações e Contratos (BLC)*, [S. l.], ano X, n. 9, p. 421, set./1997.

mais um dos tradicionais problemas nacionais. Muitas vezes há muito a se fazer, e não se tomam as providências adequadas que poderiam minorar ou até mesmo eliminar os problemas e as dificuldades existentes.

Fato é que, de quando em vez, são interpretados de forma incorreta os permissivos legais ou há um temor dos servidores com relação à adoção de novos modais e a fiscalização dos órgãos de controle. Destaca-se que o art. 11, inc. IV, da Lei nº 14.133/2021 determina que é objetivo do processo licitatório o incentivo à inovação e ao desenvolvimento nacional sustentável.

À vista desse debate, o interesse público anseia que os serviços e ou bens sejam colocados à disposição do administrador no momento em que ele necessita e a implantação do *e-marketplace* público vai ao encontro desse propósito. Por óbvio, é importante que a organização pública, na adoção de novo modelo de negócio, implemente *loops de feedback* para verificar a necessidade de ajustes, pois qualquer mudança deve ser monitorada para seu aperfeiçoamento.

A inovação é conceituada como a implementação de ideias que criam uma forma de atuação e geram valor para os órgãos e entidades públicas, seja por meio de novos produtos, serviços, processos de trabalho, ou uma maneira diferente e eficaz de solucionar problemas complexos encontrados no desenvolvimento das atividades que lhe são afetas.[61] Ela pode envolver novas iniciativas e estruturas tecnológicas, mas não se resume a essas duas finalidades.

A Lei nº 14.133/2021 incentiva o incremento das estruturas e a adoção de novas ferramentas gerenciais e tecnológicas para dar mais fluidez e eficiência aos processos de trabalho das licitações, permitindo melhores resultados. É o que dispõe o art. 11, inc. IV, e art. 19.

Nesse contexto, a lei que preside as contratações, em linha com o contexto atual do mundo dos negócios, abre a possibilidade de adoção de novas modulagens nas contratações públicas, como o diálogo competitivo, contratação de *startup*, procedimento de manifestação de interesse e credenciamento, promovendo concessões e adequações no processo licitatório, especialmente no que tange às questões de seleção de fornecedores e a forma de pactuação para a prestação do serviço.

---

[61] O conceito de inovação é elástico e abrangente permitindo várias definições. Adotamos a definição considerada pelo CNJ na Resolução nº 395, de 7 de junho de 2021, que institui a Política de Gestão da Inovação, no âmbito do Poder Judiciário.

Essa realidade de revisitar as estruturas rígidas de gestão vigentes há décadas nos órgãos públicos e permitir a adoção de novos arranjos é uma imposição e não faculdade dos líderes das organizações, e vai ao encontro da implementação da governança das contratações para que se tenham resultados positivos na prestação do serviço público, essência essa da Lei nº 14.133/2021: "É fundamental ser racional, mas também imaginativo. Pragmático, mas também vibrante. Âncora, mas também asas".[62]

A mantença na gestão pública dos métodos ortodoxos e modelos já esgotados compromete os avanços e alcance dos propósitos das contratações que é celebrar ajustes vantajosos, inovadores e sustentáveis para as organizações públicas e para os prestadores de serviços.

Portanto, essa migração para um tipo atual e moderno, o qual contempla a realidade do campo dos negócios, é vital para todas as organizações.[63] Por isso, a Administração Pública deve libertar-se das amarras do padrão de gestão atual, o qual envolve modulagens ultrapassadas, e permitir-se conhecer novas maneiras de promover as contratações e aperfeiçoar suas estruturas e processos de trabalho.

Oportuno asseverar-se, a propósito, que adoção de modais modernos, atuais e disruptivos de procedimentos também promove a eficiência e alcança a promoção de ações de sustentabilidade, por meio da melhoria do trâmite dos processos de trabalho, da racionalização do consumo e gastos públicos, de custos operacionais menores e da diminuição do desperdício.

Dito isso, inovação, eficiência e sustentabilidade mostram-se interdependentes e integradas, pois a primeira serve como um farol que lança luz para novas iniciativas que fortalecerão as contratações eficientes e sustentáveis. Portanto, os líderes das organizações devem estar abertos a mudanças e buscarem a remodelação dos procedimentos habituais, propiciando ganhos de qualidade, entregas e capacidade operacional, medidas que vão ao encontro dos anseios da sociedade por melhores serviços.

---

[62] GRINBERG, Cassio. *Desinvente*: como o que já está feito pode (e precisa) ser desfeito. Porto Alegre: Bookman, 2023. p. 146.

[63] "É requerida a adoção de uma nova mentalidade para organizações, e seus líderes terão de encontrar formas de operar seus negócios e gerenciar seus talentos" (MAGALDI, Sandro. *Gestão do amanhã*: tudo o que você precisa saber sobre gestão, inovação e liderança para vencer na 4ª Revolução Industrial. São Paulo: Gente, 2018. p. 44).

E-MARKETPLACES NA ADMINISTRAÇÃO PÚBLICA

3.1 Conceito e características de *e-marketplaces*

As contratações entre empresas por meio de sistema que utiliza tecnologia da informação, como é o caso do *marketplace*, tem se tornado uma realidade em todo o mundo, inclusive no Brasil. De acordo com o Observatório do Comércio Eletrônico Nacional do Ministério do Desenvolvimento, Indústria, Comércio e Serviços (Midc), em 2023, o *e-commerce* no Brasil movimentou R$196,1 bilhões. "O resultado representa uma alta de 4% em relação a 2022, quando o volume de negócios no comércio eletrônico foi de R$187,89 bilhões".[64]

O *e-marketplace* surge como uma espécie de simplificação das compras pelo poder público, assim pode ser entendido como

> (...) uma espécie de mercado virtual que congrega vendedores ou prestadores de serviços em um único local, de modo que servidores e gestores públicos – no caso, os compradores – terão acesso a uma plataforma que reunirá produtos e serviços de várias empresas credenciadas. Tal como nos demais shopping virtuais (Amazon, Mercado Livre, Magazine Luíza, Wisy, e-Bay, Dafiti, etc.), utilizados pelos particulares em suas relações consumeristas, a compra dá-se de forma célere e com poucos cliques.[65]

---

[64] QUEIROZ, Vitória. *E-commerce* no Brasil movimenta R$196,1 bilhões na economia em 2023. *Poder 360*, [S. l.], 3 set. 2024. Disponível em: https://www.poder360.com.br/poder-economia/*e-commerce*-movimenta-r-1961-bilhoes-na-economia-em-2023/. Acesso em: 20 set. 2024.

[65] ZOCKUN, Carolina Zancaner; ZOCKUN, Maurício. *Marketplace* digital para compras públicas. *International Journal of Digital Law – IJDL*, Belo Horizonte, p. 77-94, set./dez. 2020.

São várias as vantagens do sistema de compras eletrônicas, tais como:[66]

(...)
a) agilizam o processo de compra;
b) participam do mercado global em tempo integral;
c) possibilitam respostas rápidas às transformações de mercado;
d) ampliam a competitividade da empresa;
e) possibilitam a formação de históricos de preços para cada produto;
f) possibilitam armazenar informações sobre negociações extremamente úteis;
g) facilitam os procedimentos de qualificação dos fornecedores;
h) aumentam a neutralidade e a imparcialidade dos processos de compras;
i) custos operacionais menores;
j) padronização e automatização dos procedimentos de compras;
k) redução do tempo de processamento dos pedidos de compra;
l) maior transparência no encontro dos preços mercadológicos;
m) eliminação de barreiras geográficas;
n) assegura preços mais competitivos;
o) proporcionam maior velocidade e segurança ao processo de compra; e
p) reduzem estoque.

Em reforço, Bradson Camelo, Marcos Nóbrega e Ronny Charles pontuam:

> A implementação de plataformas eletrônicas para as relações estabelecidas entre a Administração Pública e os administrados (E-Government) pode trazer vantagens para o processo de contratação pública, entre elas: maior eficiência, redução de custos e economia; economia de tempo; melhor comunicação entre governos com empresas e cidadãos; acesso online de serviços; transparência e menos burocracia. Com o uso de plataformas as trocas entre fornecedores e os órgãos e entidades públicas podem ser facilitadas, com a exponencial redução de custos transacionais e consequente ampliação da competitividade. Além disso, elas

---

[66] MONTE ALTO, Clélio Feres. *Técnica de compras*. 2. ed. Rio de Janeiro: Editora FGV, 2016. p. 199.

podem facilitar a comunicação entre os órgãos públicos e as empresas, fomentando um mercado mais aberto.[67]

De outro lado, há alguns desafios a serem superados, tais como:

(...)
a) risco de monopólio;
b) necessidade de adaptação do mercado fornecedor, especialmente em áreas remotas;
c) empresas demandariam um tempo para adaptar sua cultura de vendas a este novo formato;
d) necessidade de treinamento de funcionários;
e) criação de infraestrutura de tecnologia necessária ao acesso a estes portais; e
f) maiores dificuldades culturais e jurídicos do que tecnológicos.

O contraponto entre as vantagens e os desafios evidencia que é possível tornar o *e-marketplace* uma realidade, desde que ocorra uma aproximação entre o poder público e o mercado privado virtual, para que as contratações sejam mais simplificadas.

As alterações legais, apesar de sua aproximação, ainda não tratam do *marketplace*[68] de forma direta, imediata e adequada.[69] Resta essencial, portanto, a elaboração de uma plataforma que adote e permita uma parceria com a pluralidade de agentes do mercado, garantindo o ressuprimento das estruturas assistenciais e a expansão do visado modelo.[70]

---

[67] CAMELO, Bradson; NÓBREGA, Marcos; TORRES, Ronny Charles Lopes. de. *Análise econômica das licitações e contratos*. Belo Horizonte: Fórum, 2022. p. 179.
[68] NÓBREGA, Marcos; TORRES, Ronny Charles Lopes de. Licitações Públicas e *e-marketplace*: um sonho não tão distante. *Inove*, [S. l.], abr. 2020. Disponível em: https://inovecapacitacao.com.br/licitacoes-publicas-e-e-marketplace-umsonho-nao-tao-distante/. Acesso em: 3 out. 2024.
[69] FIÚZA, Eduardo; SANTOS, Felippe Vilaça Loureiro; LOPES, Virgínia Bracarense; MEDEIROS, Bernardo Abreu de. *Compras públicas centralizadas em situações de emergência e calamidade pública*. Brasília, DF: IPEA, ago. 2020.
[70] *Ibidem*.

3.2 Diferença entre credenciamento, sistema de registro de preços, pré-qualificação, registro cadastral e procedimento de manifestação de interesse

3.2.1 Credenciamento e registro de preços

Para dispor do maior número possível de fornecedores, formando uma rede apta a atender a Administração Pública existe o processo de credenciamento, o qual decorre do interesse da Administração em não restringir o número de contratados para os serviços e produtos demandados pelos seus diversos órgãos, garantindo, assim, a ampla competição entre fornecedores.

O credenciamento tem fundamento no art. 74, inc. IV, e art. 79 da Lei nº 14.133/2021 e é um procedimento auxiliar de chamamento público de fornecedores e prestadores de serviços que satisfaçam determinados requisitos, constituindo etapa prévia à contratação e quando é ofertado a todos os interessados iguais oportunidade de se credenciarem.

Em si mesmo, o credenciamento não se confunde com o Sistema de Registro de Preços, sendo este, de acordo com o art. 6º, inc. XLV, da Lei nº 14.133/2021, o conjunto de procedimentos para realização, mediante contratação direta ou licitação – nas modalidades pregão ou concorrência, de registro formal de preços relativos à prestação de serviços diversos e de obras e à aquisição e locação de bens para contratações futuras.

Esse sistema cria a possibilidade de a Administração instaurar um único procedimento que resultará na formalização da ata de registro de preço, cujo prazo de validade é de um ano, podendo ser prorrogada por igual período, desde que comprovado o preço vantajoso para o órgão contratante.

O procedimento para implantação do registro de preços se diferencia dos demais que não se propõem a esta finalidade porque as propostas comerciais terão valores unitários e, ao final, no lugar do contrato é formalizada a ata de registro de preços que não obriga a Administração a realizar as contratações que dela poderão advir no todo ou em parte do quantitativo registrado. Funciona como um repositório de preços que fica à disposição da Administração Pública e, em sintonia com a necessidade, a Administração emitirá o empenho.

Nesse sentido é o entendimento do Tribunal de Contas do Estado de Minas Gerais (TJMG):[71]

---

[71] TCE/MG. Processo nº 1144882. Relator: Cons. Subst. Telmo Passareli, 13 set. 2023.

Assim, entendeu que "o sistema de registro de preços objetiva fornecer para a Administração Pública um registro formal de preços para contratações futuras somente dos fornecedores que apresentarem a melhor proposta, podendo ser usado para casos de licitação, dispensa e inexigibilidade. Em contrapartida, o credenciamento visa, em regra, apenas nas hipóteses de inviabilidade de competição definidas na lei. (...). Lado outro, o credenciamento se propõe a "convocar interessados em prestar serviços ou fornecer bens para que, preenchidos os requisitos necessários fixados pela própria Administração, se credenciem no órgão ou na entidade para executar o objeto quando convocados".

3.2.2 Credenciamento e pré-qualificação

No que tange à diferença entre os processos de credenciamento e de pré-qualificação, a Lei nº 14.133/2021, define, no art. 6º, inc. XLIV, que pré-qualificação é o procedimento seletivo prévio à licitação, convocado, por meio de edital, destinado à análise das condições de habilitação total ou parcial dos interessados ou do objeto.

Dessa feita, trata-se de procedimento auxiliar das licitações e contratações, durante o qual pode ser realizada a consulta prévia de qualificação de interessados ou, no caso de fornecimento de bens, convocar fornecedores, sejam fabricantes ou distribuidores, para apresentarem amostra (art. 41, inc. II) em grupos ou segmentos, segundo as suas especialidades.

No caso de aquisição de produtos, o procedimento técnico-administrativo de Pré-qualificação se propõe a selecionar previamente os bens que atendam às exigências técnicas ou de qualidade estabelecidas pela Administração (art. 80).

Para realizar a seleção dos produtos qualificados deverá ser designada comissão especial para emitir parecer técnico. Lado outro, o edital deverá conter as seguintes informações:
- os requisitos mínimos necessários para definição do objeto que será avaliado;
- o modo de entrega e recebimento do produto;
- os critérios objetivados que serão considerados na análise;
- a limitação do prazo máximo de 10 dias úteis para realização do exame;
- previsão de apresentação da contraprova e o direito de ampla defesa;
- obrigatoriedade de os bens pré-qualificados serem divulgados e mantidos à disposição do público.

Cumpre destacar que os objetos pré-qualificados integrarão o catálogo de bens e serviços da Administração pelo prazo de um ano, no máximo, podendo esse catálogo ser atualizado a qualquer tempo.

A licitação que se seguir ao procedimento da pré-qualificação poderá ser restrita a licitantes ou bens pré-qualificados.

Esse procedimento auxiliar reitera o comando da lei de que as contratações têm como propósito obter o resultado mais vantajoso para Administração, afinal a contratação de produtos de baixa qualidade gera um prejuízo passivo inaceitável.

Com a finalidade de buscar o objeto que represente a melhor escolha para Administração, a Lei nº 14.133/2021 previu, no art. 41, inc. III, que é vedada a contratação de marca ou produto quando, mediante processo administrativo, restar comprovado que produtos adquiridos e utilizados anteriormente pela Administração não atenderam a requisitos indispensáveis ao pleno adimplemento da obrigação contratual. Juliano Heinen registra que é importante manter uma avaliação constante dos produtos contratados pela Administração e emitir relatórios de gestão, a fim de que tenhamos os atestados de vida pregressa de produtos e marcas.[72]

Noutro giro, considera-se credenciamento o procedimento auxiliar de chamamento público aberto a todos os interessados que atendam às condições estabelecidas no edital, com vistas a contratação de serviços ou fornecimento de bens.

A propósito, o TCU, por meio do Acórdão nº 141/2013 – Plenário, fixou a orientação de que o Credenciamento é hipótese de inexigibilidade de licitação e não pode ser mesclado às modalidades licitatórias previstas no art. 22 da Lei nº 8.666/1993 por não se coadunar com procedimentos de pré-qualificação nem com critérios de pontuação técnica para distribuição dos serviços. Inclusive, no Acórdão nº 141/2013 – Plenário, o mesmo Tribunal entendeu que não se pode mesclar esses dois procedimentos devido aos seus propósitos serem distintos.

Com efeito, é possível adotar a pré-qualificação de produtos para o credenciamento em mercados fluidos, assegurando que a Administração contrate com qualidade e melhores preços.

---

[72] HEINEN, Juliano. A "folha corrida" das marcas e produtos – "atestado de vida pregressa". *Observatório da Nova Lei de Licitações*, [S. l.], 13 maio 2022. Disponível em: https://www.novaleilicitacao.com.br/2022/05/13/a-folha-corrida-das-marcas-e-produtos-atestado-de-vida-pregressa/. Acesso em: 20 set. 2024.

3.2.3 Credenciamento e sistema de registro cadastral

O sistema de registro cadastral é mantido para efeito de admissão prévia dos interessados na contratação. Esse sistema deve ser amplamente divulgado e permanecer aberto para inscrição de quaisquer interessados, os quais deverão atender aos requisitos previstos no seu regulamento.

Nesse banco de informações será anotada também a atuação do contratado no cumprimento de obrigações assumidas. O cadastro poderá ser alterado, suspenso ou cancelado caso seu titular do cadastro venha a deixar de satisfazer as exigências fixadas para habilitação.

Nessa perspectiva, o sistema de registro cadastral não pode ser confundido com o credenciamento, pois se trata de um assentamento implantado nos órgãos e entidades públicas para disponibilizar referências quanto à habilitação dos interessados em contratar com o poder público, conforme disciplinado nos arts. 78, incs. V e 87, da Lei nº 14.133/2021. Sua finalidade é agilizar o processamento do certame, uma vez que o certificado de registro cadastral nas licitações substitui, total ou parcialmente, a documentação exigida para fins de habilitação dos interessados.[73]

> Art. 87. Para os fins desta Lei, os órgãos e entidades da Administração Pública deverão utilizar o sistema de registro cadastral unificado, disponível no Portal Nacional de Contratações Públicas (PNCP), para efeito de cadastro unificado de licitantes, na forma disposta em regulamento.
>
> §3º A Administração poderá realizar licitação restrita a fornecedores cadastrados, atendidos os critérios, as condições e os limites estabelecidos em regulamento, bem como a ampla publicidade dos procedimentos para o cadastramento.

3.2.4 Credenciamento e procedimento de manifestação de interesse

Ao lado do credenciamento, a Lei nº 14.133/2021 traz outro importante mecanismo para a contratação pública: Procedimento de Manifestação de Interesse (PMI). Ambos são voltados para a seleção

---

[73] CONSULTORIA Zênite. Doutrina – 309/134/ABR/2005 – Aspectos Gerais sobre o Credenciamento. *Revista Eletrônica Zênite*, [S. l.], 2005. Disponível em: www.zenite.com.br. Acesso em: 3 out. 2024.

de fornecedores ou propostas, mas possuem características e finalidades distintas.

O procedimento de manifestação de interesse (PMI), previsto no art. 81, é um procedimento administrativo legal por meio do qual se estabelece uma relação de colaboração entre a Administração Pública e a iniciativa privada, para o desenvolvimento de atividades de interesse público pela apresentação de estudos, projetos, levantamentos e investigações.[74] O PMI visa fomentar a participação da iniciativa privada na formulação de propostas que possam ser aproveitadas pelo setor público.

Principais características do PMI:

(...)
- Não é uma modalidade de licitação.
- É um instrumento para incentivar a inovação.
- Permite o diálogo transparente e a atuação colaborativa.
- A licitação que segue ao PMI é aberta a qualquer interessado.
- O PMI não dá direito de preferência ao realizador no processo licitatório.
- O PMI não obriga o poder público a realizar licitação.

O PMI já é fartamente utilizado nas concessões e parcerias em geral. É comum o PMI ser utilizado em projetos de grande porte, como concessões de infraestrutura, em que o setor privado tem *expertise* para apresentar soluções inovadoras.

Em resumo, o credenciamento é utilizado para selecionar diversos fornecedores para prestar serviços contínuos à Administração, enquanto o PMI é um procedimento preliminar voltado para a captação de propostas de interesse do setor público, que posteriormente poderá resultar em uma licitação. Ambos têm funções complementares dentro do processo de contratação pública, mas são aplicados em contextos distintos.

---

[74] TAVARES, Janaina Leite. Nova Lei de Licitações e Procedimento de Manifestação de Interesse Privado. *Conjur*, São Paulo, 5 ago. 2022. Disponível em: https://www.conjur.com.br/2022-ago-05/janaina-tavares-lei-licitacoes-procedimento-interesse/. Acesso em: 3 out. 2024.

3.3 Vantagens e desafios dos *e-marketplaces* governamentais

O credenciamento em mercado de flutuação constante do valor da prestação e das condições de contratação é uma ferramenta que oferece várias vantagens, pois possibilita a realização de um só procedimento de contratação que sinaliza aos credenciados as pretensões de aquisições do órgão público, o que propicia maior disputa e menor custo transacional.

Essa dinâmica de maior interação com o mercado fornecedor permite a otimização dos custos operacionais e melhoria da qualidade do produto contratado. Nesse sentido, destacando a importância da adoção de modais mais interativos, modernos e atuais de contratação para agregar valor às organizações, Márcio Fedichina[75] registra:

> (...) é necessário estabelecer estratégias, como a de competição pelo menor preço (redução e otimização dos custos e recursos operacionais e organizacionais), pelo melhor produto ou serviço (elevada qualidade e inovação na elaboração e desenvolvimento), pelo relacionamento estreito com o cliente (ações que aumentam o entendimento da demanda e do cliente) e pela melhoria das operações da cadeia de suprimentos (estabelecimento de ações que visam à otimização de informações trocadas entre fornecedores, empresa e clientes, aumentando assim sua competitividade de mercado).

Outro ponto de destaque é a possibilidade de o credenciamento em mercado fluido mitigar os prejuízos com a extinção prematura de contrato em decorrência de pedidos de reequilíbrio econômico-financeiro constantes nas contratações. Em um cenário mercadológico impactado por uma miríade de fatores internos e externos, como pós-crise causada por pandemia, guerras da Ucrânia e de Israel, aumento do dólar, crise climática, restrições fiscais, desabastecimento de insumos e ambiente político polarizado, o mercado se tornou propício e fértil a gerar pleitos na esfera dos processos de compras na Administração Pública.

---

[75] FEDICHINA, Márcio Antonio Hirose. *Gestão de compras e estoques*. Curitiba: Iesde, 2021. p. 78.

Nessa linha é a recomendação de Sebastião de Almeida Júnior:[76]

> Todos sabem que a área de compra precisa ficar atenta a custos e preços o tempo todo, e aos fatores que os influenciam, como as flutuações de valores de moedas internacionais, inflação, juros, crises, investimentos em infraestrutura envolvida na logística de seu negócio, além das alterações em torno de oferta e procura de produtos/serviços.

É importante esclarecer, de plano, que o reequilíbrio econômico-financeiro é uma premissa constitucional prevista no art. 37, inc. XXI, da CF/88, a qual envolve os institutos do reajuste e revisão de instrumentos jurídicos.

Ocorre que permitir ou não renegociar os valores das atas e contratos tem gerado controvérsias que vêm impactando negativamente os negócios das organizações públicas e o seu acolhimento fica condicionada a formalidades enfeixadas na lei, como: instrução do processo e análise do pedido pela área competente; avaliação da assessoria jurídica; formalização do termo aditivo; indicação de empenho do valor acrescido; assinatura do termo aditivo pelas partes e publicação do extrato do termo aditivo. Trata-se, portanto, de procedimento complexo e burocrático que, na maioria das vezes, geram danos adicionais e não têm o reporte no tempo esperado.

Atente-se, ainda, para o fato de que o risco de não concessão da revisão contratual faz com que os licitantes passem a considerar e incorporar na sua proposta todas as margens para o imprevisto, elevando seus custos e, por conseguinte, aumentando o valor registrado/contratado. Esse ciclo vicioso faz com que a Administração Pública pague valor mais elevado, haja vista que assume, antecipadamente, os riscos de majoração que, muitas vezes, podem não ocorrer.

Além disso, essa medida de recusa do pleito e, ato seguinte, de desfazimento da ata e do contrato gera a necessidade de realizar nova licitação, com todos os custos transacionais que ela envolve, sem ter assegurado que o preço a ser alcançado com a nova rodada de certame se manterá o mesmo ou abaixo do registrado/contratado.

Considerando, ainda, que a maioria das organizações públicas tem sido refratária aos pedidos de revisão para elevar o preço, a repetição do *modus operandi*, qual seja, indeferir e refazer a licitação, se

---

[76] ALMEIDA JÚNIOR, Sebastião. *Gestão de compras*. Rio de Janeiro: Qualitymark, 2012. p. 99.

tornou padrão, promovendo a cronificação do problema de paralisia da máquina administrativa e afugentando os melhores concorrentes.

Vale ressaltar, ainda, que essas novas licitações vão impactar diretamente no cronograma do plano de contratação anual (PCA) do órgão, tornando disfuncional a estratégia e planejamento previamente concebidos.

De todo, resta claro que o paradigma de contratação adotado atualmente nas organizações públicas se mostra inadequado e sofre com o apego à tese de intangibilidade das cláusulas econômico-financeiras ou com a burocratização de concessão do pleito revisional, promovendo efeitos colaterais gravosos para a organização, na contramão do comando mandatório da Lei nº 14.133/2021 de implementar a governança das contratações, primando, assim, pela eficiência, efetividade e eficácia do processo, garantindo alinhamento aos interesses públicos.

Sabe-se, por outro lado, que o credenciamento de vários fornecedores evita que a organização fique refém de apenas de um contratado, e, caso ocorra um incidente ou impossibilidade no cumprimento do objeto de contrato, é possível chamar outros credenciados para ofertarem seus preços e contratá-los para a atendimento da demanda.

Enfim, ressignificar a relação entre os órgãos públicos e o setor privado por meio da adoção de novos arranjos que permitem maior diálogo com as empresas é medida premente e inadiável, que melhor se adequa ao interesse público.

Vale registrar, ainda, que o incentivo à contratação de credenciamento no modelo prescrito no art. 79, inc. III, da Lei nº 14.133/2021, vai ao encontro da promoção da melhoria da gestão pública por meio da disseminação da inovação em todos os órgãos e entidades públicas[77] e amolda-se ao propósito das licitações e contratos, previsto no art. 11, inc. IV, da Lei nº 14.133/2021, como já dito.

Esse propósito das contratações tem razão de ser, pois a melhoria incremental das contratações só será possível com uma cultura digital atual, metodologias ágeis e aperfeiçoamento da gestão.

---

[77] A inovação é uma diretriz do Poder Judiciário, conforme disposições trazidas pela Resolução CNJ nº 325/2020 – Estratégia Nacional do Poder Judiciário 2021-2026 – e Resolução CNJ nº 395/2021 – Política de Gestão da Inovação no âmbito do Poder Judiciário –, ambas com o propósito de aprimorar as atividades dos órgãos judiciários, por meio da difusão da cultura da inovação, a partir da modernização de métodos e técnicas de desenvolvimento do serviço judiciário.

Nesse sentido, Sandro Malgadi alerta:

> As inúmeras possibilidades presentes atualmente na sociedade compõem o território onde as batalhas se desdobram. A sede desmedida de aproveitar-se todas as oportunidades, rompendo as barreiras do pensamento tradicional, é o combustível para a expansão. Utilizando um termo do campo da tecnologia, é necessário dar um *reboot*, ou seja, reiniciar a forma de pensamento dos atuais líderes para abertura a essa nova mentalidade, que não despreza as possibilidades anteriores, mas sim as ressignifica, trazendo um conjunto de opções até então inexistentes ou não pensadas.[78]

Além disso, a adoção de modulagens diferenciadas de contratações de soluções inovadoras pode contribuir para melhoria do índice de inovação do Brasil, que se encontra na 57ª posição entre os 132 participantes da pesquisa realizada, em setembro de 2020, pela Organização Mundial de Propriedade Intelectual (OMPI).[79]

Se as organizações não promoverem mudanças e avanços nas contratações, o novo Estatuto de Licitações e Contratos repetirá os velhos erros da Lei nº 8.666/1983. Como alertava Marcia Coeli Simoes Pires:

> (...) se a lei de licitações cuidar apenas de adaptações de fluxos procedimentais, do atendimento às novas faixas definidoras das diversas modalidades de licitação, e do estabelecimento de cotejos tendentes a escancarar as portas da fraude, estaremos novamente diante da maior inutilidade – a licitação como uma burocracia desnecessária, como uma peia permanente à realização do interesse público e como armadilha que ameaça a tranquilidade do administrador.[80]

Dessa feita, resta claro que as organizações públicas devem estar abertas para inovar, inclusive com relação à modulagem do credenciamento incorporada pelo art. 79, inc. III, da Lei nº 14.133/2021.

---

[78] MALGADI; SALIBI NETO, 2018, p. 187.
[79] Disponível em: https://www.gov.br/inpi/pt-br/central-de-conteudo/noticias/brasil-ocupa-o-57deg-lugar-entre-os-132-paises-mais-inovadores. Acesso em: 20 set. 2024.
[80] MINAS GERAIS. Secretaria de Estado de Assuntos Municipais do Estado. *Manual de Licitações, Contratos e Sanções Penais e Administrativas*. Programa Permanente de Desenvolvimento Municipal – PRODEMU. Belo Horizonte: Secretaria de Estado de Assuntos Municipais do Estado, 1993. p. 10.

Como diz Guilherme Horn: "Inovação não é mais uma opção para a grande maioria das empresas. Ou elas inovam ou estão fadadas ao fracasso".[81]

3.3.1 Principais vantagens

São vários os benefícios que o *marketplace* pode trazer para a eficiência das contratações públicas. Vejamos:

a) Indução à maior competitividade

A economia decorrente da triagem, ranqueamento e negociação pelo menor preço do produto no momento da aquisição e da diminuição de processos de trabalho tem recebido atenção dos gestores, pois vem apresentando resultados vantajosos, se comparado ao modelo de contratação clássico.

Referido benefício reforça as oportunidades trazidas pela Lei nº 14.133/2021, em especial com a implementação de *e-marketplaces* públicos, permitindo a "(...) formatação de um ambiente de 'seleção' com maior agilidade e menores custos transacionais (...)".[82]

b) Eficiência e racionalidade processual

A realização das compras por meio do credenciamento é essencial para dar fluidez às contratações nos órgãos e entidades públicas.

Reclamações dos dirigentes com relação à linha temporal de conclusão de uma licitação, aos custos transacionais elevados e ao impacto negativo da burocracia documental, são frequentes.

Isso evidencia a necessidade de testagem e promoção de mudanças dos arranjos das contratações, prestigiando processos de trabalho mais adequados ao mercado e realidade que circunda a contratação.

A título de ilustração, alguns órgãos públicos tradicionalmente definem que será realizado o pregão para registro de preços de medicamentos. Formalizada a ata de registro de preços, esse objeto sofre

---

[81] HORN, Guilherme. *O mindset da inovação*: a jornada do sucesso para potencializar o crescimento da sua empresa. São Paulo: Gente, 2021. p. 21.

[82] NÓBREGA, Marcos; TORRES, Ronny Charles Lopes de. A Nova Lei de Licitações, credenciamento e *e-marketplace*: o *turning point* da inovação nas compras públicas. In: NÓBREGA, Marcos. *Um olhar além do óbvio*: temas avançados de licitações e contratos na Lei 14.133/21 e outros assuntos. 2. ed. São Paulo: Juspodivm, 2024. p. 243-272.

impacto direto da volatilidade do mercado e aumento de insumos. As empresas contratadas por meio da ata não conseguem fornecer o bem pelo valor registrado e requerem revisão de preços. O pleito revisional leva mais de dois meses para ser acatado ou não. No caso de indeferimento, a ata será revogada, o que ocasionará a necessidade de novo certame licitatório, com consequente retardo na aquisição do objeto, bem como na possibilidade de elevação dos valores a serem contratados.

Enfim, como ressalta Guilherme Horn "os profissionais de uma empresa não podem se acostumar com nada disso, não podem ficar insensíveis a essas coisas,[83] reproduzindo modelos esgotados.

Pois bem, visto que os problemas são diversos, complexos e multifacetados, recomenda-se a adoção de modelo de negócio contemporâneo que tenha a temporalização do fluxo mais eficiente, entre os quais, por tudo que foi registrado, cite-se o credenciamento para implantação do *marketplace*.

Por fim, a título de arremate deste tópico, é importante registrar que os fluxos dos novos modelos de contratação, inclusive para implementação do *marketplace*, devem ser monitorados, terem indicadores a serem reportados à alta direção e passarem por revisões contínuas, recalculando a rota, aperfeiçoando o trâmite e fortalecendo o comando da Nova Lei de Licitações de assegurar contratações eficientes, efetivas e eficazes.

c) Eleva o número de participação de empresas locais

A Lei nº 14.133/2021 tem como premissa inquestionável a imprescindibilidade de adotar nas contratações os privilégios previstos nos arts. 42 a 49 da Lei Complementar nº 123/2006 para as microempresas (ME) e empresas de pequeno porte (EPP).[84] O incentivo e fomento a participação do pequeno empreendedor no mercado de contratações públicas é uma política pública amparada nos arts. 170, inc. IX, e 179 da CF/88.

Com a contratação por meio de credenciamento em mercado fluido é possível que ocorram demandas de quantitativos menores, mobilizando e engajando o maior número de ME e EPP interessadas.

---

[83] HORN, 2021, p. 22.
[84] "Art. 4º - Aplicam-se às licitações e contratos disciplinados por esta Lei as disposições constantes dos arts. 42 a 49 da Lei Complementar nº 123, de 14 de dezembro de 2006."

d) Diminuição do custo transacional

Os processos de trabalho de contratação têm um custo elevado e as organizações devem atacar os focos de desperdício evitando a repetição de novas contratações e produção desnecessária de documentos e procedimentos que invertem a lógica de eficiência das contratações. A possibilidade de dispor de um único procedimento de contratação aberto a todos os interessados otimiza o custo operacional e torna mais ágil as contratações.

Ademais, outro ponto que merece atenção é que os processos sendo extintos prematuramente pela recusa do contratado de permanecer com o preço que foi contratado têm aumentado os custos do processo aquisitivo, sem a segurança de custo unitário menor do que foi pleiteado.

Vale lembrar que o custo transacional do processo licitatório é elevado e impactante. De acordo com estudo realizado pelo Instituto de Negócios Públicos (INP), em 2024, o custo médio de um processo de licitação seria de R$27.725,65.[85]

A propósito, transcrevemos decisão do TCU, no Acórdão nº 1.524/2019 – Plenário, a qual informa o impacto dos custos transacionais dos processos licitatórios e recomenda medidas para reduzir a quantidade de contratação:

> (...)
>
> 14. No que tange aos custos do processo, de acordo com estudo realizado pelo Instituto de Negócios Públicos, em fevereiro de 2015 (peça 30, p. 43), o custo médio de uma licitação seria de R$14.351,50, considerando todas as modalidades licitatórias possíveis.
>
> 15. No ano de 2014, houve 29.377 contratações realizadas por meio das diferentes modalidades de licitação. Nesse caso, se houvesse, por exemplo, a oportunidade de reduzir a quantidade de contratações realizadas naquele ano em apenas 10%, isso impactaria numa economia em torno de R$53,7 milhões em valor atual corrigido pelo IPCA, considerados os dados do estudo do INP (peça 35, p. 1-2).
>
> 16. Outro estudo sobre os custos operacionais dos processos de contratação do governo federal (peça 34, p. 5), realizado em 13 órgãos do Poder Executivo Federal em 2007, apurou que o custo médio do

---

[85] OLIVEIRA, Aline de. Quanto Custa uma Licitação? *Portal Sollicita*, [S. l.], 29 jul. 2024. Disponível em: https://portal.sollicita.com.br/Noticia/21529/quanto-custa-uma-licita%C3%A7%C3%A3o?. Acesso em: 20 set. 2024.

pregão eletrônico, o mais baixo entre as modalidades estudadas, era de R$20.698,00 para uma amostra de 633 pregões avaliados.

17. Nesse exemplo então, corrigindo o custo do pregão para o ano de 2014, e considerando apenas as contratações realizadas nessa modalidade naquele ano (27.604), a economia gerada pela redução de 10% dos processos seria de R$109 milhões, em valores atuais corrigidos pelo IPCA (peça 35, p. 3-5).

18. Por outro lado, além da economia no custo operacional, existiria também a possibilidade de economizar por meio de uma melhor consolidação das demandas pelos órgãos públicos, o que poderia acarretar redução do custo unitário dos objetos contratados pela economia de escala.

Desse modo, a adoção de modais com coloratura inovadora podem reduzir a quantidade de contratação e os custos decorrentes dos processos licitatórios.

Sobre o assunto, é importante acentuar, ainda, que o *marketplace* permite que a Administração acione os credenciados, a qualquer tempo, para oferecerem as propostas com a condição mais vantajosa de fornecimento, prática que permite a substituição do contratado inadimplente e assegura a continuidade da execução do ajuste.

e) Melhora de qualidade das contratações

O credenciamento em mercado fluido volta-se para a aferição de resultados, pois a mercadoria entregue em desconformidade ou com qualidade ruim levará à denúncia da empresa fornecedora e à desqualificação do produto mediante processo administrativo.[86][87]

---

[86] O art. 41, inc. III, da Lei nº 14.133/2021 prevê a possibilidade de vedar a contratação de marca ou produto, quando, mediante processo administrativo, restar comprovado que produtos adquiridos e utilizados anteriormente pela Administração não atendem a requisitos indispensáveis ao pleno adimplemento da obrigação contratual (BRASIL. Lei nº 14.133, de 1º de abril de 2021. Lei de Licitações e Contratos Administrativos. *Diário Oficial da União*: Brasília, DF, 2021. Disponível em: https://planalto.gov.br/ccivil_03/_ato2019-2022/2021/lei/l14133.htm. Acesso em: 21 nov. 2024).

[87] Merece destaque também o critério de desempate previsto no inc. II do art. 60 da Lei nº 14.133/2021, o qual reforça a ideia de que a experiência e a qualidade histórica de execução de contratos anteriores devem ser consideradas na seleção do contratado.
Nos termos da Nota nº 00033/2023/CGPE/SCGP/CGU/AGU, consta conclusão no sentido de que, "em que pese o inc. II do art. 60 não trazer expressamente a necessidade de regulamentação, entende-se, em uma leitura conjunta com o art. 87, que tal preferência será regulamentada junto com o registro cadastral unificado, a fim, justamente, de evitar que cada órgão coloque balizas de avaliação de desempenho que não tenham previsão na legislação, a fim de garantir maior segurança jurídica e uniformização quando da sua

A respeito da vantagem de constatar antecipadamente a falha do produto e análise de todas as consequências decorrentes da ausência de rejeição, Andrew S. Grove afirma:[88]

> Embora, na maioria dos casos, a decisão de aceitar ou rejeitar um material defeituoso em determinado ponto de inspeção seja de natureza econômica, um material abaixo do padrão nunca deve ser mantido quando seus defeitos puderem causar uma falha completa – ou, em outras palavras, um problema de confiabilidade – para nossos clientes. Resumindo, como não é possível avaliar as consequências de um produto não confiável, não podemos comprometer nossa confiabilidade. Pense em um componente usado na produção de um marca-passo cardíaco. Se algum dos componentes apresentar mau funcionamento ao ser recebido pelo fabricante, este pode substituí-lo enquanto a unidade ainda estiver na fábrica, o que provavelmente aumentará os custos. Mas se o componente falhar mais tarde, depois de o marca passo ter sido implantado no paciente, o custo do mau funcionamento será muito mais alto do que o custo financeiro.

A propósito, Sebastião de Almeida Júnior[89] recomenda adoção de contratação de "lotes-pilotos para avaliar o desempenho de fornecedores a fim de credenciá-los como abastecedores". Com os resultados e evidências obtidos com o uso dos lotes-pilotos será possível melhorias e aperfeiçoamentos da qualidade, ativo valioso para qualquer contratação.

f) Racionalização dos gastos públicos

A racionalização dos gastos públicos deve ocorrer com o credenciamento em mercados fluidos, pois será adquirido o produto necessário ou o quantitativo possível de armazenamento para aproveitamento do melhor preço.[90]

---

aplicação" (CHARLES, Ronny. GU Emite Nota Técnica Sobre Critério de Desempate Na Lei nº 14.133/2021: Avaliação do Desempenho Contratual Prévio dos Licitantes. *In*: CHARLES, Ronny. *Ronny Charles*. [*S. l.*], [2024]. Disponível em: https://ronnycharles.com.br/cgu-emite-nota-tecnica-sobre-criterio-de-desempate-na-lei-no-14-133-2021-avaliacao-do-desempenho-contratual-previo-dos-licitantes/. Acesso em: 9 dez. 2024).

[88] GROVE, Andrew. *Gestão de alta* performance: tudo o que um gestor precisa saber para gerenciar equipes e manter o foco em resultados. São Paulo: Benvirá, 2020. p. 62.

[89] ALMEIDA JÚNIOR, 2012, p. 86.

[90] "À medida que a empresa necessita realizar compras específicas e pontuais (*spot*), em geral estas têm uma história de aquisição breve e são direcionadas por oportunidade, e podemos denominá-las "Compras transacionais". Já as aquisições que demandam uma

A respeito, Renato Felini[91] afirma que "o ideal seria não manter estoques, havendo o fornecimento dos materiais apenas quando fossem estritamente necessários. Isso, logicamente, impinge a necessidade de uma grande agilidade na relação entre a organização e seus potenciais fornecedores".

O mesmo autor registra fatores decorrentes da manutenção de estoque que oneram a organização: roubos, furtos, aluguel de espaços, seguros, entre outros – podendo chegar a níveis altíssimos e insuportáveis.

Ocorre que essa medida de racionalização dos gastos e diminuição de desperdício em função do hábito de estocar está distante da realidade das compras públicas no Brasil, conforme esclarece o mesmo autor:

> No contexto do serviço público, contudo, esta agilidade não é observada. As compras, no setor público, são processadas por meio de licitações, sendo usual que um único processo de aquisição chegue a demorar seis meses, ante os trâmites burocráticos (disfuncionais), bem como o rigor e a observância das formalidades inerentes aos ritos licitatórios.

É certo que a possibilidade de adquirir o produto em quantidades econômicas, sem faltas, no momento em que o mercado não está favorável, é medida que deve ser avaliada com as autoridades competentes. Do mesmo modo, as compras especulativas em função de valores de mercado abaixo da média devem ser analisadas com cuidado considerando o espaço físico disponível, os prazos de validade e os custos de armazenagem.[92][93]

---

interação entre seus operadores ao longo de um tempo são denominadas relacionais (...) O uso de contrato em Compras deve estar relacionado à característica da aquisição, ou seja, se ela for mais simples, pontual e realizada por uma demanda de oportunidade (compra transacional), o instrumento de formalização também deverá ser simples, rápido e eficaz (exemplo um pedido de compra)" (MITSUTANI, Cláudio (org.). *Compras estratégicas*: construa parcerias com fornecedores e gere valor para seus negócios. São Paulo: Saraiva, 2014. p. 164).

[91] FENILI, Renato Ribeiro. *Gestão de materiais*. 2. ed. Brasília: Enap, 2016. p. 40.
[92] ALMEIDA JÚNIOR, 2012, p. 26.
[93] O custo de armazenagem pode ser conceituado como sendo aqueles custos que estão envolvidos no processo de estocagem dos produtos e são diretamente proporcionais às quantidades de lotes de compra; ou seja, quanto maiores são os lotes de compra, maior é a necessidade de espaço físico e maiores são os custos de armazenagem (MONTE ALTO, 2016, p. 67).

Nesse sentido é o alerta de Sebastião de Almeida Júnior:[94]

> Em períodos de escassez ou de alta inflação, estoques mais elevados como fator de segurança ou como um meio de evitar perdas do processo inflacionário tem sentido financeiro e econômico. Em épocas de estabilização, com inflação relativamente baixa (comparativamente à taxa de juros) e de estabilidade no que tange ao fornecimento de matérias-primas e demais insumos, um planejamento cuidadoso e articulado entre compras, vendas e produção pode propiciar ganhos ao diminuir a quantidade de estoques desses materiais, portanto, menor necessidade de capital de giro. A considerar ainda a possível redução de custos em caso de externalização de atividades e processos pela diminuição dos investimentos em capital fixo (efeitos na margem de giro).

Por óbvio, a adoção da política de gestão de estoque de soluções de suprimento *just-in-time* [de acordo com a demanda] deve ser implementada com as cautelas necessárias, para garantir os níveis de estoque mínimos para que não haja ruptura no fornecimento das demandas.

Sebastião de Almeida Júnior[95] destaca, ainda, a importância dessa política para evitar desabastecimento e interação permanente com os credenciados, estreitando e fidelizando o fornecimento:

> Quanto ao custo total, o ganho poderia vir de uma política de compras estabelecendo estoques apenas no limite do mínimo necessário. Para tanto, é preciso ter certa garantia de suprimentos, o que, por sua vez, supõe estabilidade no relacionamento com fornecedores. Além disso, requer integração com os setores requisitantes e com outros setores da empresa.

No mesmo sentido, Clélio Feres, Antônio Pinheiro e Paulo Alves[96] recomendam que as entidades implementem a estratégia de compras, a qual envolve formas de organização, critérios de planejamento de curto, médio e longo prazo, políticas, normas e procedimentos de compra.

g) Contratação do fornecimento pelo preço justo

Considerando que o credenciamento em mercado fluido permite o oferecimento de propostas em tempo real, é certo que o valor que

---

[94] ALMEIDA JÚNIOR, 2012, p. 29.
[95] MONTE ALTO, 2016, p. 29.
[96] *Ibidem*, p. 22.

será contratado se aproximará do mais adequado ao mercado; isto é, feita a emissão do pedido pelo órgão ou entidade contratante, cada credenciado registra sua proposta com o menor preço e o resultado e julgamento dos preços ocorrem ao final do prazo concedido.

Esse método permite que os valores fiquem disponíveis para ciência de todos, assegurando uma análise abrangente, transparente e realista com os preços de mercado.

E mais: esse modal de contratação minimizará as contratações diretas com fundamento na emergência decorrente de extinção contratual e que trazem custos elevados e problemas administrativos.

Como diz Clélio Feres[97] o comprador da organização deve

> (...)
>
> a) privilegiar a pesquisa em compras e interpretar, sempre, os sinais do mercado.
> b) desenvolver aquisições eletrônicas (pela *internet*) para reduzir custos e prazos de suprimento;
> c) pesquisar e avaliar o melhor momento para negociar a aquisição de materiais cuja produção, comercialização ou demanda seja cíclica ou sazonal.
> d) avaliar com o controlador de estoque a possibilidade de espaço físico nos próximos meses para a eventualidade de compras especulativas.

Por todo o exposto, resta evidente que o processo de credenciamento em mercado fluido reduzirá sensivelmente o custo do processo de aquisição e evitará retrabalho e repetição do processo de contratação. Além disso, permitirá uma melhor contratação, pois o poder de barganha com maior disputa entre os fornecedores reduzirá o valor da contratação. A fidelização dos melhores fornecedores também será prestigiada, pois o credenciamento provocará menor ocorrência de extinção de contrato pela recusa de pleito de revisão de valor.

3.3.2 Principais desafios da mudança

O art. 11, inc. IV, da Lei nº 14.133/2021, deixa bem claro que é dever das organizações públicas fomentarem a inovação nos processos licitatórios, analisando todas as alternativas disponíveis no mercado

---

[97] MONTE ALTO, 2016, p. 29.

para atenderem à demanda apresentada. Dessa forma, mesmo que diante de processos rígidos, ou sob a alegação de que mudanças não são bem vistas, evita-se o posicionamento amplamente utilizado e difundido: "É melhor deixar do jeito que está". Será mesmo que é melhor?

Tal comportamento, míope e comum nas organizações públicas, chamado vulgarmente como "síndrome de Gabriela" – "sempre foi feito assim" –, está impedindo novos avanços e tem contribuído para o péssimo desempenho e resultados dos órgãos e entidades públicas. Tal pensamento é compartilhado pelo TCU, no Acórdão nº 588/2018 – Plenário,[98] no qual se alerta: "A maior parte dos órgãos e entidades federais 'não possui capacidade minimamente razoável' de entregar o que se espera deles para o cidadão, gerindo bem o dinheiro público, cumprindo com suas competências e minimizando os riscos associados à sua atuação".

Nota-se, portanto, que abraçar as novas maneiras de pensar e os novos modais de contratação não é tão somente uma questão de opção das organizações, e sim um "dever" dos dirigentes na busca para a melhoria incremental dos processos de licitação.

Nesse sentido, dá-se o ensinamento de Cook, citado por Ries:[99]

> Desenvolver esses sistemas de experimentação é responsabilidade da alta administração; eles precisam ser introduzidos pela liderança. É fazer com que os líderes deixem de ser taxativos, apenas aceitando ou rejeitando cada ideia e, em vez disso, estabeleçam a cultura e os sistemas de modo que as equipes possam agir e inovar na velocidade do sistema de experimentação.

Notadamente, o ambiente da inovação é desafiador, veloz e envolve assumir riscos e estar disposto ao novo. Do mesmo modo é a implementação de novos procedimentos, que demanda quebrar paradigmas para que ocorra a transformação da cultura organizacional, criando um contexto apto e aberto à adoção de novas iniciativas. Para tanto, faz-se necessário criar uma estratégia para alcançar esse propósito, destacando a capacitação voltada para o conhecimento e o desenvolvimento de habilidades como uma das principais ações para dar-se a virada de chave.

---

[98] TCU. Plenário. Acórdão nº 588/2018. Relator: Min. Bruno Dantas.
[99] RIES, Eric. *A startup enxuta*. Rio de Janeiro: Sextante, 2019. p. 42.

Mas, como revela a frase contundente de Peter Drucker, o guru da administração moderna: "A cultura devora a estratégia no café da manhã",[100] e, nesse contexto, um primeiro desafio nota-se: a formação dos profissionais, que ainda hoje está muito atrelada a procedimentos seculares e que necessita de oxigenação. Portanto, treinamento, capacitação e comunicação tornam-se parâmetros basilares para o cumprimento desse propósito.

Outro desafio está em encontrar uma plataforma de compras adequada para esse novo modelo de transação. A atual plataforma, o Sistema de Compras Públicas Federal – Compras.gov.br – não está adaptada à nova forma de contratação que orienta a lei. Exemplo disso é a Consulta Pública nº 3/2024, publicada no dia 20 de setembro de 2024, por meio da Central de Compras do Ministério da Gestão e da Inovação em Serviços Públicos (MGI), com o objetivo de receber sugestões e opiniões da sociedade sobre qual deve ser a tecnologia de compras utilizada no Projeto Farmácia Virtual, solução que será licitada pelo órgão para facilitar o processo de compras públicas de materiais médico-hospitalares e odontológicos, medicamentos e dietas enterais (alimentação por sonda).[101]

Como passo anterior, deve ser considerado o desenvolvimento de uma plataforma alinhada ao propósito desse método de negociação, unindo órgãos públicos e empresas privadas de tecnologia em uma soma de conhecimentos sobre demanda e métodos, que seja facilitadora e viabilize um modelo de contratação inovador, célere, inclusivo e transparente.

A propósito, cumpre ressaltar que plataformas privadas estão adaptando seu sistema à esse modelo, inclusive, já realizando compras no formato transacional do *marketplace*. É o caso da empresa Licitar Digital, que operacionaliza o credenciamento com experiência em *marketplace*, amparado no art. 79, III, da Lei nº 14.133/2021 para compra de materiais de construção para a SMOBI do município de Belo Horizonte.[102]

De toda sorte, vale também chamar atenção para a necessidade de padronização da especificação do objeto pelas áreas demandantes

---

[100] DAL POZZO, Augusto; MARTINS, Ricardo (coord.). Compliance *no Direito Administrativo*. São Paulo: Thomson Reuters, 2020. p. 97. (Coleção Compliance, v. 1).

[101] Disponível em: https://www.gov.br/participamaisbrasil/consulta-publica-n-3-2024-projeto-farmacia-virtual. Acesso em: 20 set. 2024.

[102] Disponível em: https://app2.licitardigital.com.br/pesquisa/48854. Acesso em: 20 set. 2024.

por meio do catálogo eletrônico,[103] a fim de uniformizar a descrição e reduzir a diversificação de objetos da consulta mercadológica.

Podemos dizer que a padronização de especificações é uma das deficiências estratégicas dos órgãos e entidades públicas e na maioria das organizações não há uma uniformização das descrições dos bens ou, quando existe o portfólio de produtos, há indicação de código com abrangência de itens induzindo o fornecedor a erro e atos antieconômicos. A propósito, o TCU teve oportunidade de analisar contratação com esse vício. Na licitação analisada a área requisitante indicou o código do Catmat genérico (conjunto mesas escritório, nome mesa escritório/acessório/componente) para adquirir módulos de arquivo deslizante. A coleta de preços, por óbvio, ficou comprometida (Acórdão nº 693/2013 – Plenário).

Enfim, a padronização é uma premissa essencial para adoção do *marketplace*.

Por seu turno, cumpre registrar que o alinhamento da padronização com a Inteligência Artificial para efeito de criar um cardápio de produtos disponível para contratação vai ao encontro das melhores práticas para obtenção de resultados exitosos. A respeito, Alisson Carvalho de Alencar, Ana Carla Bliacheriene e Luciano Vieira de Araújo destacam:[104]

> A propósito, o potencial da tecnologia para auxiliar o processo de contratação pela Administração Pública pode, ainda, ser favorecido pela inteligência artificial. Isso pode ocorrer mediante a análise em massa de dados catalogados, apuração de *outputs* – desvios de padrões e *analytics*, propiciando o aumento do espectro de produtos e serviços padronizados a serem contratados no *e-commerce*. Essa hipótese de criação de um catálogo de produtos *commodities* tenderia ao aprimoramento e desenvolvimento do uso do *e-marketplace* pela Administração Pública. Ademais,

---

[103] Para além de uma necessidade é, também, um comando legal. O art. 40, §1º, da Lei nº 14.133/2021 estabelece:
"O termo de referência deverá conter os elementos previstos no inc. XXIII do *caput* do art. 6º desta Lei, além das seguintes informações:
I - especificação do produto, preferencialmente conforme catálogo eletrônico de padronização, observados os requisitos de qualidade, rendimento, compatibilidade, durabilidade e segurança" (BRASIL. Lei nº 14.133, de 1º de abril de 2021. Lei de Licitações e Contratos Administrativos. *Diário Oficial da União*: Brasília, DF, 2021. Disponível em: https://planalto.gov.br/ccivil_03/_ato2019-2022/2021/lei/l14133.htm. Acesso em: 21 nov. 2024).

[104] Disponível em: https://sisbib.emnuvens.com.br/direitosegarantias/article/view/2496/686. Acesso em: 20 set. 2024.

seria concebível a aquisição de diversidade maior de produtos e serviços, sendo beneficiado com as potencialidades do sistema, mormente quanto ao tempo, celeridade, segurança e garantia.

Com efeito, não somente a padronização por meio do catálogo, mas também para sua melhor utilização, é essencial que as organizações implantem a pré-qualificação dos objetos.

A Lei nº 14.133/2021 define no art. 6º, inc. XLIV, que pré-qualificação é o procedimento seletivo prévio à licitação, convocado, por meio de edital, destinado à análise das condições de habilitação, total ou parcial, dos interessados ou do objeto.

Dessa feita, trata-se de procedimento auxiliar da licitação e contratação, que, no caso de fornecimento de bens, poderá por meio de chamamento público convocar fabricantes, distribuidores, fornecedores para apresentarem amostra (art. 41, inc. II). A pré-qualificação poderá ser realizada em grupos ou segmentos, segundo as especialidades dos fornecedores.

Esse procedimento auxiliar reitera o comando da lei de que as contratações têm como propósito obter o resultado mais vantajoso para a Administração, afinal, a contratação de produtos com qualidade ruim gera-lhe um prejuízo passivo inaceitável.

Outra situação desafiadora que desponta nesse contexto e merece atenção é a realização da pesquisa de preços e a sua atualização constante com vistas a balizar as propostas ofertadas pelos credenciados. Como a forma de contratar mediante credenciamento pode ter a dinâmica de *marketplace*, será necessário, a cada compra, identificar o valor de referência.

É importante chamar atenção para a dificuldade de se fazer uma pesquisa de preços que reflita verdadeiramente o mercado, visto que o levantamento realizado não sofre tratamento estatístico e, usualmente, as fontes coletadas apresentam falta de simetria com a realidade local.

Via de regra, a pesquisa feita hoje não dá a exata dimensão do valor estimado ou do valor real do bem por inúmeros fatores, como por exemplo o conhecimento da realidade e necessidade do órgão e a praça na qual este se situa e o seu respectivo custo de vida.

Enfim, o comando normativo com exigência do dimensionamento econômico de preços utiliza-se de variáveis que não correspondem à realidade do órgão demandante, fazendo com que a finalidade da pesquisa colida com o seu propósito.

Dito isso, é importante deixar uma reflexão sobre as dificuldades enfrentadas pelos gestores na realização da coleta de mercado para que busque-se uma *performance* melhor e muito mais satisfatória para o novo modal proposto.

A negociação, a qual segue à consulta dos credenciados, é outro ponto que merece atenção. Os compradores públicos devem estar preparados para essa dinâmica. É importante estabelecer limites para referenciar a cada negociação, a fim de evitar sobrepreço ou inexequibilidade que gere comprometimento de qualidade e de entregas no prazo estipulado.

A propósito, não é demais lembrar que a organização deve ter um acompanhamento dos valores mercadológicos dos bens para que utilize as flutuações a seu favor. Comprar montantes maiores em momentos de baixa de preços e contratar o essencialmente necessário nos de preços elevados são regras básicas para obter eficiência em custos, por exemplo.

Guiando-se por esse mesmo raciocínio, é também essencial o gerenciamento de estoques para atingir o adequado dimensionamento quantitativo dos produtos armazenados e evitar desperdícios.

Enfim, resta claro que, em mercado fluido, a adoção do credenciamento e do *marketplace* deve tornar-se mais frequente e consolidar-se como procedimento padrão, o qual gera oportunidade, mas, também, encerra desafios que serão logo, logo superados, como em qualquer processo de mudança feito de forma bem estruturada.

3.4 Experiências internacionais

Diversos países já romperam a barreira das contratações burocráticas. Estados Unidos, Canadá, União Europeia, Singapura, Chile, Rússia, Espanha, Itália, Índia, Reino Unido, Hong Kong, Filipinas, Turquia, Peru, dentre outros, já adotaram plataformas de *e-marketplace*.

3.4.1 Estados Unidos

O GovShop é uma plataforma global de *marketplace* que conecta governos com fornecedores de produtos e serviços. O *marketplace* facilita a busca por fornecedores qualificados para diferentes necessidades do setor público, promovendo maior eficiência e competitividade.

Funciona como uma plataforma de *procurement* público, onde empresas podem se cadastrar e apresentar suas soluções para diferentes níveis de governo, simplificando o processo de compras públicas.

Facilita o acesso de pequenas e médias empresas ao mercado de compras públicas, promovendo a competitividade e a inovação nos contratos governamentais.

3.4.2 Estados Unidos

O GSA Advantage é o *marketplace* oficial do governo dos Estados Unidos para compras públicas. Ele permite que órgãos governamentais adquiram produtos e serviços de forma padronizada e transparente, como parte da General Services Administration (GSA).

Funcionários do governo podem buscar e adquirir produtos diretamente no *marketplace*, garantindo conformidade com as normas federais de compras. Ele é utilizado para a aquisição de produtos como materiais de escritório, tecnologia e serviços diversos.

Reduz a burocracia e aumenta a eficiência nas compras governamentais, permitindo que as agências obtenham produtos e serviços de maneira mais ágil e econômica.

Mesmo possuindo o seu próprio *marketplace* há 24 anos, o governo federal norte-americano anunciou, em 26 de junho de 2020, a contratação da Amazon.com Inc., da Overstock.com Inc. e da Fisher Scientific Inc. para implementarem o *e-marketplace*/comércio eletrônico nas pequenas compras públicas federais (não licitadas) de até US$10.000,00 (US$20.000,00 durante a pandemia do Covid-19). Há proposição no Congresso para se chegar a US$ 25.000,00.[105]

Esse projeto visa incluir múltiplos fornecedores, promovendo competitividade e eficiência, e está em fase de prova de conceito de três anos, com previsão de movimentar até US$6 bilhões anualmente.

A discussão foca desafios como o controle de qualidade dos produtos, a verificação de fornecedores por meio de sistemas como o SAM e a filtragem de itens piratas ou provenientes de fora dos acordos comerciais dos EUA. O governo norte-americano já utilizava o

---

[105] LIMA, Jonas. *Marketplace* das pequenas compras públicas: Estados Unidos. *Portal Sollicita*, [S. l.], 14 jul. 2020. Disponível em: https://portal.sollicita.com.br/Noticia/16530/marketplace-das-pequenas-compras-p%C3%BAblicas:-estados-unidos. Acesso em: 3 out. 2024.

GSA Advantage, seu próprio *marketplace*, desde 1996, que é o maior do mundo e permanece em operação para compras públicas, agora com a adição de plataformas privadas.

3.4.3 Canadá

O Mercator é um *marketplace* governamental desenvolvido para conectar o governo do Canadá com fornecedores qualificados. É uma plataforma que visa modernizar e agilizar as compras governamentais.

Funcionando de forma digital, a plataforma facilita a busca por fornecedores e a realização de licitações públicas, promovendo maior transparência e eficiência.

Aumenta a competitividade e a acessibilidade de contratos públicos, garantindo que empresas de todos os tamanhos possam participar das compras governamentais.

3.4.4 União Europeia

O Pan-European Public Procurement Online (PEPPOL) é uma rede eletrônica criada para facilitar as compras governamentais na União Europeia. Ele permite que as administrações públicas e os fornecedores se conectem por meio de uma infraestrutura de rede segura e interoperável.

É uma rede pública-privada que oferece padrões e infraestrutura para a digitalização dos processos de compras públicas, como a troca de documentos eletrônicos (faturas, pedidos de compra) entre governos e fornecedores.

Facilita a interoperabilidade entre países e empresas na UE, promovendo transparência, eficiência e economia nos contratos públicos transfronteiriços.

3.4.5 Singapura

O Government Electronic Business (GeBiz) é o *marketplace* centralizado do governo de Singapura para todas as compras e contratos governamentais. A plataforma permite que fornecedores participem de processos licitatórios de forma totalmente digital.

Oferece uma plataforma onde fornecedores podem participar de licitações e enviar propostas para diferentes órgãos do governo de

Singapura. O sistema é transparente, facilitando a supervisão e o acesso a oportunidades de contratos públicos.

Melhora a transparência e a eficiência nos processos de compras do governo, além de promover a competição saudável entre fornecedores locais e internacionais.

3.4.6 Chile[106]

O ChileCompra é um sistema público de compras do governo do Chile, criado em 2003, que facilita a aquisição de bens e serviços pelos órgãos governamentais. Operando através da plataforma eletrônica Mercado Público, ChileCompra conecta a demanda de mais de 850 instituições públicas a fornecedores privados de diversos tamanhos, garantindo um processo transparente, eficiente e acessível para todos.

A plataforma oferece diversas modalidades de compra, incluindo Licitações Públicas, Convênios Marco (compras centralizadas para obter melhores preços) e Compra Ágil, voltada para aquisições rápidas e competitivas. ChileCompra também se destaca por promover a inclusão de pequenas e médias empresas e proporcionar capacitações gratuitas tanto para compradores quanto para fornecedores interessados em participar das licitações públicas.

Além disso, ChileCompra é administrada pela Dirección de Compras y Contratación Pública, um órgão descentralizado vinculado ao Ministério da Fazenda do Chile. Sua missão principal é garantir o uso eficiente dos recursos públicos por meio de compras colaborativas e mecanismos competitivos, sempre assegurando altos padrões de transparência e probidade nas contratações.

3.4.7 Rússia

Utiliza um sistema de aquisições públicas que se vale de uma plataforma privada ligada a uma instituição financeira, responsável ainda pela sua segurança e por eventuais danos advindos da não execução de produtos ou serviços.

Constata-se que a experiência também é satisfatória, não trazendo implicações mercadológicas.[107]

---

[106] Disponível em: https://www.chilecompra.cl. Acesso em: 3 out. 2024.
[107] ZOCKUN; ZOCKUN, 2020.

A lógica do sistema russo protege a Administração de incorrências, apresentando garantias, definições e sanções, resguardando o *marketplace* de ações voltadas a influenciar negativamente o mercado.

3.4.8 Espanha

A Plataforma de Contratación del Sector Público da Espanha é uma ferramenta digital centralizada que facilita a gestão de contratos públicos em nível nacional, abrangendo diversas esferas governamentais, como a Administração Geral do Estado, comunidades autônomas e entidades locais. Criada para promover a transparência, a eficiência e a competitividade nas compras públicas, a plataforma permite que órgãos governamentais publiquem licitações e outros processos de contratação e que fornecedores interessados possam apresentar suas propostas de forma eletrônica.

A plataforma oferece uma série de funcionalidades, como:
1. Publicação de licitações: O recurso permite que os órgãos públicos anunciem seus processos de contratação, incluindo as especificações e documentos necessários. As licitações podem ser consultadas por meio de filtros avançados, como tipo de contrato, orçamento e prazos.
2. Processamento de propostas eletrônicas: As empresas interessadas podem submeter suas ofertas diretamente pela plataforma, o que simplifica o processo e reduz o tempo e os custos associados à participação em licitações públicas.
3. Acesso a estatísticas e transparência: A plataforma também oferece dados sobre a evolução da contratação pública na Espanha, facilitando o acompanhamento de indicadores como o volume de contratos e os valores envolvidos. Isso promove uma maior transparência nas atividades contratuais do governo.
4. Interconexão com plataformas regionais: A plataforma centraliza a maior parte das informações, porém algumas comunidades autônomas (como Cataluña, Euskadi e Madrid) possuem suas próprias plataformas, que estão conectadas à Plataforma de Contratación del Sector Público. Isso permite uma cobertura mais ampla e a inclusão de licitações regionais dentro do sistema.

5. Consultas de mercado e contratos menores: Além das grandes licitações, a plataforma inclui consultas preliminares de mercado e contratos menores, o que amplia as oportunidades de participação para pequenas e médias empresas.

A plataforma é uma peça central no processo de modernização das compras públicas na Espanha, permitindo maior acessibilidade e participação das empresas, além de fomentar a competitividade e o uso eficiente dos recursos públicos. Com sua interface digital e o foco na transparência, a Plataforma de Contratación del Sector Público contribui significativamente para a governança e controle das contratações no país.

3.4.9 Itália

Em 2002, a Itália construiu sua plataforma de *marketplace* para adquirir materiais e serviços, permitindo a consolidação de um único sistema com diversos vendedores qualificados, que fornecem os seus produtos aos órgãos públicos locais.[108]

A plataforma de *e-procurement* da Itália, administrada pela Agenzia per l'Italia Digitale (AgID) em conjunto com a Consip e a Agência Nacional de Aviação Civil (Anac), representa um marco na digitalização das compras públicas no país. A plataforma é usada por entidades públicas para gerenciar eletronicamente todo o processo de contratação, desde o anúncio das licitações até a gestão de ofertas e contratos. O sistema visa aumentar a transparência, reduzir os tempos de adjudicação em até 50% e facilitar a competitividade entre fornecedores.

Nos últimos anos, a Itália intensificou seus esforços para expandir o uso do *e-procurement*, registrando um aumento significativo no número de licitações eletrônicas. A plataforma centraliza as compras públicas, proporcionando mais eficiência e uma visão clara dos processos de compra para todas as partes interessadas.

Além disso, a plataforma italiana se alinha às diretrizes da União Europeia, promovendo a interoperabilidade e integrando-se ao PEPPOL, uma infraestrutura de *e-procurement* que permite transações de compras públicas eletrônicas em toda a Europa.

---

[108] FRANCO, Lucas Pedersoli. *Análise sobre compras governamentais no Estado de Minas Gerais e a plataforma* e-marketplace. 2019. Trabalho de Conclusão de Curso (Graduação em Administração Pública) – Faculdade de Administração, Fundação João Pinheiro, Belo Horizonte, 2019. f. 13.

3.4.10 Índia

Na Índia, o *marketplace* governamental conseguiu reduzir o tempo de entrega das compras – de 30 a 60 dias para 10 a 15 dias –, principalmente com a diminuição dos níveis de verificação e decisão.[109] Em realidade, a experiência indiana com um modelo especificado e regional resultou na abertura para pequenas empresas, que, de fato, conseguiram manter a concorrência e, por consequência, criar empregos. Valendo-se desse modelo, há um vislumbre para um *marketplace* que integre as pequenas comunidades locais, desde que sua atuação se volte às suas realidades, promovendo progressos nas regiões mais vulneráveis.

3.4.11 Outros países

Destaca-se também as experiências do Reino Unido, que obteve melhorias nos custos do processo e na redução dos preços, abarcando até contratos de construção de obras.[110]

O caso de Hong Kong foi igualmente positivo, adotando-se um sistema que permite a automatização das compras pelo poder público, o que trouxe a elas eficiência e sistematizou uma cadeia de suprimentos.[111]

Em resumo, todas são experiências que exigiram uma reflexão do administrador público, desfazendo procedimentos burocráticos para, em um ato de assimilação dos sistemas automáticos, informatizados e específicos, se abrir à construção de um *marketplace* exemplar.[112]

---

[109] LAL, Shanker. How government e-marketplace is revolutionizing procurement in India. *In*: WORLD BANK. *World Bank Blogs*. [S. l.], Apr. 2018. Disponível em: https://blogs.worldbank.org/governance/how-government-e-marketplacerevolutionizing-procurement-india. Acesso em: 3 out. 2024.

[110] FRAGAS, Isadora de. *O sistema de registro de preços permanente como mecanismo de perfectibilização do public market brasileiro*. 2021. Trabalho de Conclusão de Curso (Graduação em Direito) – Universidade Federal de Santa Catarina, Florianópolis, 2021. f. 70.

[111] *Ibidem*, f. 69.

[112] SILVA, Clarissa Sampaio; CRUZ, Daniel Macedo Tavares. Marketplace nas Compras pelo poder público no Brasil. *Revista da AGU*, Brasília, DF, v. 22, n. 2, 2023. Disponível em: https://revistaagu.agu.gov.br/index.php/AGU/article/view/3196. Acesso em: 3 out. 2024.

4

IMPLEMENTAÇÃO DE *E-MARKETPLACES* NO CONTEXTO DA LEI Nº 14.133/2021

4.1 Disposições legais aplicáveis

Para adoção do procedimento do *e-marketplace* se faz necessário, de acordo com a Lei nº 14.133/2021, que seja realizada contratação mediante o procedimento auxiliar do credenciamento em mercado fluido. Desse modo, torna-se importante compreender a evolução desse instituto.

Na concepção comum do procedimento do credenciamento, todos os que tiverem interesse e que satisfaçam as condições fixadas pela Administração podem ser contratados, não havendo relação de exclusão.

> O credenciamento tradicional é um processo administrativo de chamamento de interessados quando, em vez de se ter um vitorioso na licitação – aquele que assinará o contrato –, a Administração se vê diante de uma situação concreta em que ela pode "dividir um bolo em fatias" e distribuí-las de forma objetiva. Logo, não há competição porque todos, de algum modo, serão contratados para executar uma parte do objeto.[113]

Essa compreensão comum do credenciamento associada a uma visão de expansão horizontal do número de credenciados serviu de substrato para as hipóteses de contratação prescritas no art. 79, incs. I e II, da Lei nº 14.133/2021.

---

[113] Acórdão TCU nº 533/2022 – Plenário.

> (...)
> O credenciamento poderá ser usado nas seguintes hipóteses de contratação, especialmente (art. 79 da Lei nº 14.133/2021):
> I - paralela e não excludente: caso em que é viável e vantajosa para a Administração a realização de contratações simultâneas em condições padronizadas;
> II - com seleção a critério de terceiros: caso em que a seleção do contratado está a cargo do beneficiário direto da prestação (...).[114]

Com efeito, a Lei nº 14.133/2021 fixou mais uma possibilidade de adoção desse procedimento voltado aos mercados fluidos, os quais envolvem flutuação constante do valor da prestação e das condições de contratação inviabilizando a adoção do procedimento convencional de licitação.

A possibilidade de credenciar os licitantes e permitir que ofereçam sua proposta em tempo real é uma das medidas inovadoras da Lei nº 14.133/2021, a qual pode e deve ser utilizada e, por certo, em muito ampliará a qualidade dos resultados das contratações.

Sobre o tema, ressalta-se o posicionamento de Ronny Charles Torres,[115] que destaca como louvável a iniciativa de utilização de preços dinâmicos pela Administração, no credenciamento, para adequar-se ao mercado fluido:

> (...) se um determinado bem é constantemente comprado por um determinado município em específica época, isso certamente impactará no preço do produto naquele período. Se o mercado intuitivamente faz isso, com regras algorítmicas de precificação essa variação assume feições ainda mais dinâmicas, induzindo flexibilidade e ajuste de preços flexíveis e ajuste de preços de maneira até individualizada.

A propósito, o TCU, reconhecendo a inovação do sistema de credenciamento chamado de *e-marketplace*, assim se manifestou:[116]

---

[114] BRASIL. Lei nº 14.133, de 1º de abril de 2021. Lei de Licitações e Contratos Administrativos. *Diário Oficial da União*: Brasília, DF, 2021. Disponível em: https://planalto.gov.br/ccivil_03/_ato2019-2022/2021/lei/l14133.htm. Acesso em: 21 nov. 2024.
[115] TORRES, 2021, p. 456.
[116] Acórdão TCU nº 533/2022 – Plenário.

(...)

24. Já a terceira, a contratação em mercados de preços fluidos, parece-me bem distinta e desprendida da visão anterior, na medida em que abre a possibilidade de contratação de bens em mercados fluidos, o que permite antever a utilização de um sistema de *e-marketplace* público formado por fornecedores credenciados. A inexigibilidade decorre, neste caso, da dinâmica existente em mercados concorrenciais com oscilação acentuada de preços em razão da lei da oferta e da procura.

25. Observa-se, portanto, que o credenciamento trazido pela Lei 14.133/2021 acabou por admitir uma dimensão mais ampla do que aquela concebida pela jurisprudência e pela prática administrativa.

A bem da verdade, o TCU há muito tempo vem evoluindo seu entendimento com relação à adoção do procedimento do credenciamento, permitindo que a Administração adote outro arranjo que não seja o de dispor-se a contratar todos os que tiverem interesse e que satisfaçam as condições por ela estabelecidas, não havendo, portanto, relação de exclusão.[117]

Aliás, no citado Acórdão nº 533/2022 – Plenário, o ministro Antônio Anastasia reconhece que foi o avanço da jurisprudência do TCU um dos fatores mais importantes para que o credenciamento pudesse agregar novas situações e ter a dimensão que tem hoje na Lei 14.133/2021.

Nessa jornada de modernização interpretativa, cite-se, o Acórdão nº 2.977/2021 –Plenário, de relatoria do ministro Weder de Oliveira, o qual trata de credenciamento para prestação de serviço de promoção e organização de eventos em todo o território nacional e internacional. O Tribunal, reconhecendo a inviabilidade de adoção do procedimento padrão previsto na Lei de Licitações, permitiu que as empresas interessadas, a partir de um *breafing* (levantamento de informações sobre a demanda) apresentado pela contratante e de pré-fixação de taxa de administração, oferecessem suas propostas com valores unitários e globais, sagrando-se vencedor o interessado que ofereceu o menor valor.

Já o Acórdão nº 2.731/2009 – Plenário tratou do exame de legalidade de credenciamento de contratação dos serviços de administração e gerenciamento de manutenção de veículos. Nesse julgado, o relator reconheceu que o procedimento adotado pela Administração de

---

[117] Acórdão TCU nº 351/2010 – Plenário.

selecionar o credenciado que oferecer o menor preço é permitido considerando as peculiaridades da demanda.

(...)

26. Na verdade, o TCU já havia se deparado com espécies de credenciamento que refugiam ao padrão, quando comparadas a uma visão ortodoxa de expansão do número de credenciados. Como exemplo, cita-se o já comentado credenciamento de oficinas para manutenção de automóveis do DPF. De acordo com a sistemática licitada, o órgão transferiria à contratada a administração de sua frota, incluindo a manutenção dos veículos, nos seguintes termos:

a) na hipótese de uma viatura necessitar de manutenção, ela seria encaminhada a um estabelecimento credenciado pela contratada para verificação do tipo de serviço a ser realizado;

b) após essa avaliação, a contratada solicita aos estabelecimentos de sua rede credenciada que ofereçam, no mínimo, três orçamentos para o serviço; e

c) um servidor da Administração seleciona a proposta mais vantajosa.

Considerando a evolução jurisprudencial e dos marcos legais aplicáveis ao credenciamento, o TCU, por meio do Acórdão nº 533/2022, permitiu a contratação de escritório de advocacia de forma distinta das utilizadas nos dias atuais, com o credenciamento exclusivo de escritórios pré-qualificados e com melhor pontuação, visto que o modelo poderia trazer benefícios reais à eficiência da prestação do serviço de defesa da entidade.

Na mesma linha, os tribunais de contas dos estados têm avançado na permissão de adoção do credenciamento com a finalidade de suprir a deficiência dos procedimentos tradicionais de adequarem-se ao mercado fluido. Nesse sentido, é o entendimento do Tribunal de Contas de Santa Catarina (TJSC) que fixou o Prejulgado nº 2.444 favorável ao credenciamento para aquisição de combustíveis. Vejamos:

1. O credenciamento é o procedimento pelo qual se legitimará a escolha do prestador ou fornecedor e o objeto que será contratado futuramente, nos casos em que houver interesse da Administração em contratar todos aqueles que, preenchidos os requisitos necessários, se credenciem no órgão ou na entidade para executar o objeto.

1.1. A aquisição de combustíveis se enquadra no conceito de bem comum, passível de ser licitado por pregão e de constituir objeto do procedimento auxiliar denominado sistema de registro de preços ou, conforme o caso, de credenciamento;

1.2. Para a adoção do credenciamento, quer para contratação paralela e não excludente (art. 79, I, da Lei n. 14.133/2021), quer em virtude de mercado fluido (art. 79, III, da Lei n. 14.133/2021), o Estudo Técnico Preliminar – ETP deverá evidenciar o problema a ser resolvido e a sua melhor solução, considerando as questões fáticas relacionadas a cada necessidade e à realidade local de suprimento (rede de abastecimento local), bem como, para mercados fluidos, a comprovação de que a oscilação dos preços ao longo do exercício inviabiliza o uso da modalidade do pregão, cabendo ao gestor avaliar o caso concreto e justificar o preenchimento dos requisitos estabelecidos na legislação de regência.

2. Ao decidir pelo uso do credenciamento, deverá o gestor considerar, além do reconhecimento expresso das hipóteses de cabimento, as regras gerais aplicáveis, consoante a sistemática da Lei n. 14.133/2021, especialmente o seu art. 79, parágrafo único, bem como o regramento local da matéria. Destacam-se as seguintes exigências básicas:

2.1. A necessidade de editar previamente a regulamentação local para tal uso, conforme previsto no parágrafo único do art. 79 da Lei n. 14.133/2021;

2.2. Fazer constar no ETP o detalhamento:

I. de quantos e quais tipos de veículos poderão ser abastecidos pelo credenciado;

I. como será feita a distribuição da demanda entre os credenciados, de modo a manter um equilíbrio da distribuição dos abastecimentos;

III. como será feita a gestão e fiscalização da execução dos contratos e, em especial, como será feita a comprovação dos preços no momento dos abastecimentos, para fins de liquidação das despesas. Destaca-se que a regularidade fiscal deve ser verificada no credenciamento, no momento da contratação e a cada pagamento; assim como o comprovante dos fornecimentos será verificado a cada liquidação, que deve preceder ao ato autorizativo do pagamento.

Sobre o tema, o TJMG (Processo nº 1120202, relator cons. subst. Hamilton Coelho) se posicionou favorável à utilização do credenciamento, fundado no inc. III do art. 79 da Lei nº 14.133/2021, para aquisição de bens comuns, desde que as circunstâncias de aquisição amoldem-se às exigências legais e sejam devidamente justificadas, demonstrando-se a vantajosidade do credenciamento para a Administração.

Na esteira desse raciocínio, o Tribunal de Contas dos Município do Estado da Bahia (TJBA) manifestou, por meio do Parecer nº 01473-21, a possibilidade de contratar, mediante credenciamento, empresas para o fornecimento de material de construção com a finalidade de utilizá-los na manutenção de escolas da rede pública municipal, com base na Lei nº 14.133/2021, *in verbis*:

> (...)
> 1) A Nova Lei autorizou, expressamente, a utilização do Credenciamento como procedimento prévio para a contratação, não só de prestação de serviços, como também de fornecimento de bens.
>
> 2) Considerando o quanto disposto no citado art. 6º, inc. XLIII, da Nova Lei de Licitações e Contratos Administrativos (Lei n. 14.133/2021), é possível o Município valer-se do procedimento auxiliar do credenciamento para contratar empresas com vistas ao fornecimento de material de construção para a manutenção das escolas da rede pública municipal, desde que a Administração demonstre que será mais vantajosa a contratação de diversos particulares ao invés da seleção de um, por meio de licitação, bem assim que atenda a todas as regras estabelecidas na aludida Lei de Licitações e Contratos, sobretudo, garantindo-se a igualdade de condições entre todos os credenciados hábeis a contratar com a Prefeitura Municipal.

Indo além, está tramitando na Câmara dos Deputados, o Projeto de Lei nº 2.133/2023, o qual tem o propósito de alterar a Lei nº 14.133/2021, para inserir dispositivos para instituir o Sistema de Compra Instantânea (Cix).[118]

> Projeto de Lei
> Art. 75-A. O Sistema de Compra Instantânea (Cix) destina-se à *aquisição, por meio de credenciamento em mercado fluido, de bens padronizados* e previamente selecionados pela Administração Pública, que serão anunciados no Portal Nacional de Contratações Públicas (PNCP), na forma de regulamento do Poder Executivo federal, que disporá sobre:
> (...)
> III - as *regras para a formação do preço*;
> Justificação
> A ideia é criar uma *plataforma de contratação simplificada* para produtos padronizados, que denominamos Sistema de Compras Instantâneas

---

[118] BRASIL. Câmara dos Deputados. *Projeto de Lei nº 2.133/23, de 21 de abril de 2023.* Altera a Lei nº 14.133, de 1º de abril de 2021, para inserir dispositivos para instituir o Sistema de Compra Instantânea (Cix). Brasília, DF: Câmara dos Deputados, 2021. grifos nossos. Disponível em: https://www.camara.leg.br/proposicoesWeb/fichadetramitacao?idProposicao=2358217. Acesso em: 21 nov. 2024.

(Cix), para que *produtos que correspondem a padrões estabelecidos (como medicamentos), o fornecedor possa fazer o credenciamento e a Administração Pública – em qualquer esfera – possa fazer a compra imediata*. Assim, se ao invés de licitar por meio do pregão, o administrador utilizar o Cix, ele terá uma economia de recursos que seriam direcionados para o processo, redução no valor do produto e acesso a compra imediata.

Segundo a proposição, o Sistema de Compra Instantânea (Cix) destina-se à aquisição, por meio de credenciamento em mercado fluido, de bens padronizados e previamente selecionados pela Administração Pública e anunciados no Portal Nacional de Contratações Públicas (PNCP).

Esse modal prevê que o governo federal pode anunciar a lista de bens que deseja adquirir no Portal Nacional de Contratações Públicas. Os fornecedores se cadastram e registram os produtos e preços e os gestores efetuam as compras instantâneas por empenho, assegurando a concorrência e a competitividade. A aquisição de produtos tem por base um valor referencial, reduzindo a morosidade do pregão eletrônico e ampliando o poder de compra da Administração Pública.

De acordo com o deputado Daniel Soranz, autor do projeto, a ideia é criar uma plataforma de contratação simplificada para produtos padronizados, denominado Sistema de Compras Instantâneas (Cix), para que, nos casos de aquisição de produtos correspondentes a padrões estabelecidos (como medicamentos), o fornecedor possa fazer o credenciamento e a Administração Pública – em qualquer esfera – possa fazer a compra imediata.

Assim, se ao invés de licitar por meio do pregão, o administrador utilizar o Cix, ele terá uma economia de recursos que seriam direcionados para o processo, redução no valor do produto e acesso a compra imediata. A agilidade desse processo é indispensável e representa um avanço para diversos setores, mas principalmente para o setor da saúde, que não pode arcar com o ônus do desabastecimento de medicamentos gerado pela lentidão do processo licitatório. Além disso, essa agilidade e a possível concentração da compra desses produtos em uma única plataforma podem ampliar a competitividade, diminuir o custo do processo e o preço de compra.

Vale lembrar que a adoção do credenciamento no formato de contratação instantânea vai ao encontro da promoção do desenvolvimento nacional sustentável, pois tal modelo impulsiona a implantação de ações incrementais de processos, celeridade, racionalidade e plataforma tecnológica moderna, essencial para sua efetividade.[119]

Citando Sandro Magaldi e José Salibi Neto:

> O líder deve reinterpretar o clássico conceito sobre modelos de crescimento. O pensamento incremental é insuficiente. As melhores oportunidades concentram-se no estímulo a romper fronteiras e refletir sobre caminhos ditos inimagináveis. A boa notícia é que o avanço tecnológico oferece condições para transformar o impossível em realidade.[120]

Enfim, as ações e atividades da organização podem ser incrementadas e aperfeiçoadas com o propósito de melhores entregas, por meio da adoção de modais de contratações mais atuais, entre eles destaca-se o credenciamento em mercados fluidos.

4.2 Procedimentos e requisitos para a contratação de *e-marketplaces*

4.2.1 O passo a passo do planejamento do credenciamento

A Lei nº 14.133/2021 prevê, no art. 5º, o princípio do planejamento e, por conseguinte, ressalta sua necessidade como parte inicial que precede os processos de contratação pública.

Em boa medida, a Lei nº 14.133/2021 descreve algumas medidas de planejamento e artefatos que devem ser elaborados na etapa inicial da licitação, como decorrência lógica do princípio do planejamento: estudo técnico preliminar (ETP), termo de referência (TR), projeto básico (PB) e anteprojeto. É fundamental que as demandas tenham ações conectadas

---

[119] Quanto aos desafios de inclusão de atributos de sustentabilidade, claro fica que, com o apoio e avanços da tecnologia da informação, é possível a concepção de uma plataforma digital voltada pra apoiar o processo de compras sustentáveis que conecte compradores e fornecedores por meio da disponibilização de atributos sustentáveis definidos, com base na análise do ciclo de vida para diferentes tipos de produtos ou serviços e que também exerça a função de estimular a melhoria contínua dos fornecedores, seja dos que já produzem com foco na sustentabilidade, seja daqueles que queiram trilhar essa agregação de valor. Assim procedendo, desenvolve-se um cenário no qual a competitividade e a proposta mais vantajosa estarão na produção e nos serviços que respeitam os limites do planeta ou a capacidade de suporte biogeofísica do ambiente para uma atuação produtiva e sustentável (GAMBOGI, Luis Carlos Balbino; FERREIRA, Maura Bartolozzi; BOSON, Patrícia Helena Gambogi. Compras sustentáveis: um desafio a ser encarado com inovação. *Controle em foco – Revista do MPC-MG*, Belo Horizonte, v. 1, n. 1, p. 1-152, jan./jun. 2021).

[120] MAGALDI, 2018, p. 181.

com os planos estratégicos da organização e esses instrumentos induzem as organizações a realizarem ações assertivas e em sincronia com a missão da organização e os propósitos definidos como prioritários.

Essa diretiva da Lei nº 14.133/2021 vem corrigir uma das deficiências estratégicas das organizações públicas, as quais têm sofrido com problemas espinhosos na execução eficiente das contratações em função, exatamente, da falta de planejamento adequado.

Portanto, o planejamento recebe como insumo a necessidade dos negócios e gera como entrega um edital completo e, nessa trilha, os artefatos com as informações sobre a demanda, sua solução e o objeto são essenciais para chegar-se a uma licitação exitosa.

Este item se propõe a comentar os principais aspectos e informações desses valiosos documentos de deflagração da contratação e sua importância para a definição do procedimento auxiliar do credenciamento.

4.2.1.1 Documento de oficialização da demanda (DOD)

O documento de oficialização da demanda (DOD) dá início ao processo de contratação e contém o detalhamento da demanda da área requisitante.

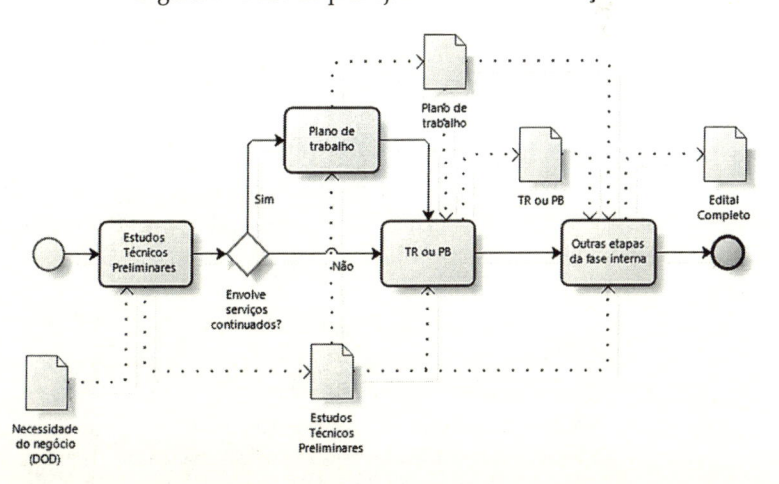

Figura 1 – Fase de planejamento da contratação

Fonte: BRASIL. Tribunal de Contas da União. Figura 2 - Planejamento da contratação. *In*: BRASIL. Tribunal de Contas da União. *Planejamento da contratação*. Brasília, DF: Tribunal de Contas da União, [2024]. Disponível em: http://www.tcu.gov.br/arquivosrca/001.003.htm. Acesso em: 20 set. 2024.

O documento é elaborado pela área requisitante e descreve: informações da demanda ou objeto; o alinhamento entre a demanda e o planejamento estratégico; os planos de logística sustentável, de obras, o diretor de tecnologia da informação e comunicação do órgão e o de contratações anual; a justificativa da contratação; os resultados pretendidos; as fonte dos recursos para a contratação e os servidores para compor a equipe de planejamento da contratação (integrante da área requisitante, área técnica, área administrativa, unidade sustentável, se for o caso).

Vale alertar que os integrantes da equipe de planejamento da contratação devem ter ciência expressa das suas indicações e das suas respectivas atribuições antes de serem formalmente designados.

4.2.1.2 Estudo técnico preliminar (ETP)

De acordo com o art. 6º, inc. XX da Lei nº 14.133/2021, o estudo técnico preliminar (ETP) é o documento constitutivo da primeira etapa do planejamento de uma contratação, o qual caracteriza o interesse público envolvido e a sua melhor solução e dá base ao anteprojeto, ao termo de referência (TR) e ao projeto básico (PB) a serem elaborados, caso se conclua a viabilidade da contratação.

Dessa feita, o documento destina-se a identificar e analisar a necessidade pungente projetada pela unidade administrativa ao realizar seu planejamento estratégico e o plano de contratações anual, buscando evidenciar o problema a ser resolvido, assim como as soluções possíveis, com fins de avaliar as informações necessárias para subsidiar o respectivo processo de contratação.

A lei se preocupa, ainda, em descrever quais os elementos devem compor o estudo. De acordo com o art. 18, §1º, o ETP conterá os seguintes elementos:

> (...)
>
> I - descrição da necessidade da contratação, considerado o problema a ser resolvido sob a perspectiva do interesse público;
>
> II - demonstração da previsão da contratação no plano de contratações anual, sempre que elaborado, de modo a indicar o seu alinhamento com o planejamento da Administração;
>
> III - requisitos da contratação;
>
> IV - estimativas das quantidades para a contratação, acompanhadas das memórias de cálculo e dos documentos que lhes dão suporte, que

considerem interdependências com outras contratações, de modo a possibilitar economia de escala;

V - levantamento de mercado, que consiste na análise das alternativas possíveis, e justificativa técnica e econômica da escolha do tipo de solução a contratar;

VI - estimativa do valor da contratação, acompanhada dos preços unitários referenciais, das memórias de cálculo e dos documentos que lhe dão suporte, que poderão constar de anexo classificado, se a Administração optar por preservar o seu sigilo até a conclusão da licitação;

VII - descrição da solução como um todo, inclusive das exigências relacionadas à manutenção e à assistência técnica, quando for o caso;

VIII - justificativas para o parcelamento ou não da contratação;

IX - demonstrativo dos resultados pretendidos em termos de economicidade e de melhor aproveitamento dos recursos humanos, materiais e financeiros disponíveis;

X - providências a serem adotadas pela Administração previamente à celebração do contrato, inclusive quanto à capacitação de servidores ou de empregados para fiscalização e gestão contratual;

XI - contratações correlatas e/ou interdependentes;

XII - descrição de possíveis impactos ambientais e respectivas medidas mitigadoras, incluídos requisitos de baixo consumo de energia e de outros recursos, bem como logística reversa para desfazimento e reciclagem de bens e refugos, quando aplicável;

XIII - posicionamento conclusivo sobre a adequação da contratação para o atendimento da necessidade a que se destina.

A Lei nº 14.133/2021 faz uma ressalva no art. 18, §2º, registrando que os elementos constantes dos incs. I, IV, VI, VIII e XIII são essenciais, e os demais elementos, quando não figurarem no documento, devem ter suas justificativas apresentadas.

Enfim, o ETP deve ser um documento confiável destinado a jogar luz ao mostruário de soluções e modais. Como diz Peter Baily,[121] "os responsáveis por suprimentos devem conhecer bem o mercado em que estão envolvidos. A pesquisa de mercado de suprimentos, conduzida formal ou informalmente, é essencial".[122]

---

[121] BAILY, Peter. *Compras*: princípios e administração. Tradução: Ailton Bomfim Brandão. São Paulo: Atlas, 2005. p. 210.

[122] Sebastião de Almeida Júnior (2012, p. 1) ensina que vária mudanças marcaram as últimas décadas da indústria. Uma das mais significativas, no entanto, está em andamento: trata-se da transição de um posicionamento passivo da função de compras (vista como respon-

No caso de demandas que necessitam se adequar a realidade de mercado fluido, é recomendado o aprofundamento da avaliação de uma maior interação com a rede de fornecedores e um sistema responsivo de custos aplicáveis na data da oferta, uma vez que a escolha exclusiva de um único contratado pode resultar em prejuízo irrecuperável a estratégia do negócio, além de colocar em risco a longevidade da contratação considerando a frequência de solicitações de revisões de valores e o aumento exponencial de extinção prematura do contrato.

Para esse propósito, inclusive, sugere-se uma articulação entre as áreas demandante técnica, administrativa e núcleo de sustentabilidade para se extrair as informações essenciais para definição da melhor estratégia de contratação. Lembre-se que a troca de fornecedor não é tarefa fácil.

Na verdade, a equipe de planejamento integrada por profissionais especializados em compras e suprimentos assume papel estratégico e integrado para levantar e decantar o que foi encontrado no mercado.

> A área de compras nas organizações, portanto, consiste em uma importante atividade que contribui para a melhoria da eficiência das operações e dos resultados da empresa. O desenvolvimento de novas ferramentas tecnológicas e de comunicação, além dos avanços na integração das informações, nas análises dos riscos da operação e no melhor relacionamento com os fornecedores, é um importante elemento que fundamenta a evolução da função de compras nas organizações competitivas.[123]

Com todas as informações levantadas acerca da demanda apresentada, o mercado é consultado para verificar qual a melhor solução a contratar. É possível que o órgão utilize da prerrogativa da consulta pública ou audiência pública, conforme previsto no art. 21, a fim de compreender os *standards* disponíveis no mercado e decifrar aqueles que melhor se adequam à necessidade apresentada.

Nesse sentido, a Instrução Normativa SEGES/ME nº 40, de 22 de maio de 2020, registra a necessidade de fazer a prospecção e a análise das alternativas possíveis de solução encontradas no mercado, podendo, entre outras opções:

---

sável pelo atendimento de requisições de materiais) para uma posição de contribuição estratégica, na medida em que colabora para promover a integração da empresa às cadeias de suprimento.

[123] FEDICHINA, 2021, p. 159.

- Considerar contratações similares feitas por outros órgãos e entidades, com o objetivo de identificar a existência de novas metodologias, tecnologias ou inovações que melhor atendam às necessidades da administração. "A ideia de *benchmarking*, ou seja, buscar referência em outras instituições que possuem demanda similar, é descobrir a melhor prática onde quer que possa ser encontrada e tentar identificar e isolar as variáveis que acompanham ou fazem parte desta" (...). "Note que adotar *benchmarking* não é ficar preocupado em copiar os métodos e os sistemas de outras organizações. A atenção é dedicada, principalmente, aos fatos identificáveis que demonstram se uma organização foi bem-sucedida".[124]
- Realizar consulta, audiência pública ou diálogo transparente com potenciais contratadas, para coleta de contribuições.

Com essas medidas, pretende-se levantar os diferentes tipos de soluções que melhor se adequam à demanda apresentada, sendo possível compor outros arranjos com as informações correlacionadas que melhor atendam à necessidade da unidade administrativa.

Nesse diapasão é o entendimento do TCU:

(...)

2. O órgão licitante deve identificar um conjunto representativo de diversos modelos existentes no mercado que atendam completamente às necessidades da Administração antes de elaborar as especificações técnicas e a cotação de preços, de modo a evitar o direcionamento do certame para modelo específico e a caracterizar a realização de ampla pesquisa de mercado.[125]

Considerando que o estudo oferecerá um mostruário de soluções é fundamental fazer uma avaliação crítica entre as diferentes possibilidades, considerando os aspectos econômicos e qualitativos em termos de benefícios para o alcance dos objetivos da contratação.[126] As soluções consideradas inadequadas deverão ser refutadas.

---

[124] BAILY, 2005, p. 410.
[125] TCU. Plenário. Acórdão nº 2.383/2014.
[126] Sugerimos a adoção do quadro para avaliação comparativa de alguns requisitos entre soluções identificadas previsto no documento disponível em: https://www.gov.br/governodigital/pt-br/contratacoes/2-estudo-tecnico-preliminar-v2-1.docx/. Acesso em: 20 set. 2024.

A Resolução MG Seplag nº 115/21, a qual dispõe sobre a elaboração dos ETP, previu, no art. 7º, alguns critérios orientativos para avaliação das soluções apresentadas. Vejamos:

> Art. 7º. A justificativa técnica e econômica da escolha do tipo de solução de que trata o inc. V, do art. 6º será orientada por uma análise comparativa entre as soluções identificadas, a partir dos seguintes critérios, sem prejuízo de outros relevantes para o objeto em análise:
>
> I - vantajosidade econômica, preferencialmente pela comparação do custo total das soluções propostas e da solução atual, quando for o caso;
>
> II - ganhos de eficiência administrativa pela economia de tempo, de recursos materiais e de pessoal;
>
> III - continuidade sustentável do modelo de fornecimento do bem ou da prestação de serviço para a Administração;
>
> IV - sustentabilidade social e ambiental, por meio da consideração de objetivos secundários da política de compras públicas;
>
> V - incorporação de tecnologias que permitam ganhos de eficiência, exatidão, segurança, transparência, impessoalidade, padronização ou controle;
>
> VI - possibilidade de compra ou de locação de bens com avaliação dos custos e dos benefícios de cada opção para escolha da alternativa mais vantajosa;
>
> VII - opções menos onerosas à Administração, tais como chamamentos públicos de doação e permutas.

Com efeito, é importante alertar que a equipe responsável pela feitura do estudo deve estar aberta à inovação e permitir que novos padrões sejam testados antes de abortar as iniciativas diferenciadas do atual modelo adotado na organização. Nesse contexto, é fundamental o apoio incondicional da alta administração e sua firme convicção da necessidade da mudança, sob pena dos avanços não ocorrerem e sua gestão ficar imersa em inúmeras desculpas.[127]

Nesse mapa de informações, quando a solução for o credenciamento em função de mercado fluido, deve constar a justificativa contemplando a caracterização da situação de inexigibilidade, com os elementos necessários à sua configuração e à demonstração cabal de que a necessidade não pode ser atendida por meio de outra forma de contratação, visto que o problema apresentado está atrelado a uma

---

[127] MAGALDI, 2018, p. 121.

pluralidade de fornecedores que oferecerão seus custos para satisfação da necessidade.

É importante abordar no documento, para efeito inclusive de rever a escolha da solução adotada, as oscilações frequentes de preços; as condições do mercado que afetam o preço ofertado; os registros de contratações desertas e fracassadas; as dificuldades de permanecer com contratações com prazos alongados; o aumento de pedidos de revisão; o desempenho insatisfatório em função de inexecução contratual e a pressão interna para elevar o preço dos bens.

A título de exemplo, é comum a flutuação de preços das *commodities* que podem ser impactadas por vários fatores. Baily cita o *case* das *commodities* "moles" (matérias-primas agrícolas), as quais variam em 100% o preço e, às vezes, em 500%, em apenas uma estação. Sabe-se, por outro lado, que as *commodities* "duras", como cobre, podem também aumentar os preços em 300% em um ano, para depois cair pela metade em alguns meses.[128]

> Inundações, secas, doenças e má colheita podem gerar escassez de produção agrícolas, enquanto colheitas excepcionalmente boas podem sobrecarregar o mercado; os resultados naturais são preços altos e preços baixos, respectivamente. Guerras, greves, revoluções e mudanças na política governamental têm também sérias repercussões no suprimento de *commodities*.

Certo é que há que se ter uma base de conhecimento de soluções que sofrem com o mercado volátil e fatores externos, tornando-se quase impossível resistirem à pressão por mudanças de valores.

É essencial, ainda, no elemento do estudo que trata das providências a serem implementadas abordar a necessidade de criar capacidade de lidar com as avaliações de volatilidade do mercado e preparar o grupo envolvido nas compras para antecipar e adquirir quantidades maiores quando o preço estiver abaixo do valor médio e precatar-se nas aquisições de quantitativos menores no caso do aumento do preço. "O grupo de compras é responsável também pela biblioteca de pesquisa de mercado, previsões econômicas, gerência de câmbio de moeda, orientação legal, políticas de compras, desenvolvimento de sistemas de informações sobre compras e previsões sociopolíticas".[129]

---

[128] BAILY, 2005, p. 432.
[129] *Ibidem*, p. 294-295.

Vale lembrar que o modelo de credenciamento em mercado fluido é uma solução que pode atender essas mudanças constantes de preços, pois a solicitação junto aos fornecedores ocorre nas condições contratadas e na data exigida, ficando a cargo dos credenciados oferecerem seus preços diários.

Nessa ferramenta estratégica de reflexão sobre a solução mais viável devem constar, como registrado, os elementos encartados no art. 18, §1º, e, ao final, essa escolha deve servir de base para elaboração do TR e do PB, que serão divulgados com amplitude e abrangência por meio dos documentos próprios, dando ciência ao mercado e respeitando o princípio da transparência e prestação de contas.

4.2.1.3 Termo de referência (TR)

O termo de referência (TR) é o documento que condensa as principais informações da fase interna da licitação e, por isso, deve ser construído com cuidado e atenção, já que seus dados servem de espelho para elaboração do edital e contrato administrativo.

Esse documento deve estar em sintonia com a solução viável identificada no ETP, sendo que a desconexão entre o idealizado e os objetos que se pretendem contratar geram inúmeros incidentes e devem ser evitados. Com efeito, esses dois documentos têm propósitos e elementos distintos. Vejamos:

Quadro 1 – Elementos do estudo técnico preliminar (ETP) e do termo de referência (TR)

(continua)

Estudo técnico preliminar (ETP)	Termo de referência (TR)[130]
Demonstração da necessidade da contratação, considerando o problema a ser resolvido sob a perspectiva do interesse público.	Descrição detalhada da solução como um todo, considerando o ciclo de vida do objeto e as exigências relacionadas à manutenção e assistência técnica, quando for o caso.
Demonstração da previsão da contratação no plano de contratações anual, sempre que elaborado, de modo a indicar o seu alinhamento com o planejamento estratégico do órgão ou entidade.	Fundamentação da contratação.

---

[130] Utilizamos, como parâmetro, os elementos do TR descritos no art. 6º, inc. XXIII, da Lei nº 14.133/2021 (BRASIL. Lei nº 14.133, de 1º de abril de 2021. Lei de Licitações e Contratos Administrativos. Diário Oficial da União: Brasília, DF, 2021. Disponível em: https://planalto.gov.br/ccivil_03/_ato2019-2022/2021/lei/l14133.htm. Acesso em: 21 nov. 2024).

(conclusão)

Estudo técnico preliminar (ETP)	Termo de referência (TR)[1]
Apresentar os requisitos da contratação.	Verificar modelos de execução do objeto e de gestão do contrato.
Estimar as quantidades para a contratação, acompanhadas das memórias de cálculo e dos documentos que lhe dão suporte, considerando interdependências com outras contratações, de modo a possibilitar economia de escala.	Estabelecer critérios de medição e pagamento.
Fazer levantamento de mercado – análise das alternativas possíveis, e justificativa técnica e econômica da escolha do tipo de solução a contratar.	Apresentar forma e critérios de seleção do fornecedor.
Definir justificativas para o parcelamento ou não da solução.	Realizar estimativas de preços acompanhada dos preços unitários referenciais, das memórias de cálculo e dos documentos que lhe dão suporte, os quais poderão estar em anexo classificado, se a Administração optar por preservar o seu sigilo até a conclusão da licitação.
Estimar o valor das soluções encontradas.	Fazer a adequação orçamentária.
Elaborar o demonstrativo dos resultados pretendidos em termos de economicidade e de melhor aproveitamento dos recursos humanos, materiais ou financeiros disponíveis.	
Providenciar ações a serem adotadas pela Administração previamente à celebração do contrato, inclusive no tocante à capacitação de servidores ou empregados para fiscalização e gestão contratual.	
Analisar possibilidades de contratações correlatas e/ou interdependentes.	
Dar o posicionamento conclusivo sobre a adequação da contratação para o atendimento da necessidade a que se destina.	

Fonte: Dados da pesquisa (2025).

A especificação do objeto é um dos elementos mais sensíveis do TR. De acordo com a Súmula nº 177 do TCU,

> a definição precisa e suficiente do objeto licitado constitui regra indispensável da competição, até mesmo como pressuposto do postulado de igualdade entre os licitantes, do qual é subsidiário o princípio da publicidade, o qual envolve o conhecimento, pelos concorrentes potenciais, das condições básicas da licitação, constituindo, na hipótese particular da licitação para compra, a quantidade demandada, uma das especificações mínimas e essenciais à definição do objeto do pregão.

Dessa feita, o agente público deve ter cuidado, evitando descrições que deixem dúvidas para Administração e licitantes, bem como que sejam excessivas, irrelevantes e desnecessárias.

Neste ponto, mostra-se pertinente informar, além do detalhamento do objeto a ser contratado, as condições do fornecimento.

Ainda com relação a tal momento, como dito anteriormente, deve-se buscar criar catálogos eletrônicos que padronizem os objetos e especificações dentro da unidade administrativa. Aliás, esse procedimento está previsto no art. 19, inc. II, da Lei nº 14.133/2021. Com o catálogo eletrônico, é possível facilitar a elaboração da demanda e tornar mais célere o processo de contratação.

A respeito escrevem Clélio Feres, Antônio Pinheiro e Paulo Alves:[131] "Se a empresa possui um sistema de classificação de material sedimentado, com padrões de descrição para a maioria dos produtos, o requisitante não terá muita dificuldade, basta pesquisar no catálogo dos produtos e retirar as informações que necessita".

Outro ponto emblemático do TR diz respeito à necessidade de fundamentação adequada do pedido. Muitas vezes, essa informação é esquecida ou desprezada. É consabido que o setor responsável pelo pedido deve indicar, previamente, nos autos dos procedimentos licitatórios, os motivos e fundamentos da necessidade de realização do objeto das licitações, bem como demonstrar a necessidade dos quantitativos previstos na requisição.

Assim, recomenda-se que a unidade administrativa se debruce na construção das informações acerca das razões pelas quais o bem ou o serviço deve ser contratado e os quantitativos respectivamente demandados, motivando o quantum, por meio de metodologias e série histórica que apontem possíveis previsões de consumo.

Outro aspecto que merece uma análise aprofundada diz respeito à especificação de objeto divisível. De acordo com a Súmula nº 247 do TCU,

> é obrigatória a adjudicação por item, e não por preço global, nos editais das licitações para a contratação de obras, serviços, compras e alienações, cujo objeto seja divisível, desde que não haja prejuízo para o conjunto ou complexo ou perda de economia de escala, tendo em vista o objetivo de propiciar a ampla participação de licitantes que, embora não dispondo

---

[131] MONTE ALTO, 2016, p. 46.

de capacidade para a execução, fornecimento ou aquisição da totalidade do objeto, possam fazê-lo com relação a itens ou unidades autônomas, devendo as exigências de habilitação se adequarem a essa divisibilidade.

Observa-se, ainda, que é importante verificar se a especificação do objeto está detalhada e informa a qualidade desejada do que se pretende contratar. Mais uma vez, cumpre informar que a Lei nº 14.133/2021 acolheu essa orientação quando prevê a pré-qualificação (art. 80) ou a indicação de marca ou modelo como referência qualitativa (art. 41, §4º).

Na definição do objeto, é essencial, ainda, que se faça a adequação da necessidade aos novos parâmetros de sustentabilidade, orientação essa também abraçada pelo art. 11, inc. IV, da Lei nº 14.133/2021.[132]

Outro aspecto que merece uma análise aprofundada no TR é a estipulação das exigências indispensáveis e essenciais de habilitação e especificações técnicas que os interessados devem atender. Há que se ter cuidado para não inserir exigências limitadoras ou que restrinjam a participação de interessados.

Sobre o tema, foi aprovado o Enunciado nº 29, na III Jornada de Direito Administrativo do Instituto Brasileiro de Direito Administrativo (IBDA):

> Na contratação por meio de credenciamento, a exigência da comprovação da regularidade fiscal poderá ocorrer apenas no momento da formalização do contrato, não sendo requisito necessário de verificação no procedimento de credenciamento.

Nota-se, que o documento, no caso de credenciamento, para além dos requisitos técnicos e de qualificação, devem fixar a vedação de cometimento a terceiros (subcontratação) do bem ou serviço credenciado

---

[132] Com relação à necessidade de observância de parâmetros de sustentabilidade nas contratações públicas, a Câmara Nacional de Sustentabilidade, colegiado do Departamento de Orientação e Orientação de Órgãos Jurídicos da Consultoria-Geral, por meio do Parecer nº 01/2021/CNS/CGU/AGU, enuncia que os órgãos e entidades que compõem a administração pública são obrigados a adotar critérios e práticas de sustentabilidade socioambiental e de acessibilidade nas contratações públicas, nas fases de planejamento, seleção de fornecedor, execução contratual, fiscalização e na gestão dos resíduos sólidos. A impossibilidade de adoção de tais critérios e práticas de sustentabilidade nas contratações públicas deverá ser justificada pelo gestor competente nos autos do processo administrativo, com a indicação das pertinentes razões de fato e/ou direito. Recomenda-se aos agentes da Administração Pública Federal encarregados de realizar contratações públicas, que, no exercício de suas atribuições funcionais, consultem o *Guia Nacional de Contratações Sustentáveis da Advocacia-Geral da União*.

e descrever as hipóteses gerais de descredenciamento, como por violação das condições previstas no regulamento do procedimento. Aliás, o normativo do credenciamento deve reger todos os aspectos procedimentais da contratação.

A possibilidade de inserir a qualquer tempo os interessados que preencham os requisitos do ato convocatório, deve estar expressa nos documentos iniciais e na minuta do edital e contrato do credenciamento, em função de tratar-se de chamamento de caráter permanente. Aliás, essa orientação ficou consignada no Enunciado nº 30 da III Jornada de Direito Administrativo do Instituto Brasileiro de Direito Administrativo (IBDA): É admissível prazo de vigência indeterminado no edital de credenciamento,[133]

Lado outro, a previsão da possibilidade de o fornecedor credenciado denunciar o ajuste, mediante aviso prévio no prazo fixado no regulamento, é outra importante informação que deve constar no termo de referência (TR) e na minuta de contrato.

A previsão da disciplina da condição e processo de pagamento dos contratados, suportado por documentos que comprovem que o fornecimento foi efetivamente realizado, e a indicação do recurso próprio para a despesa também deverão figurar entre os temas a serem avaliados nesse documento.

Por fim, quanto à estimava de valor, outro elemento melindroso do TR, a Lei nº 14.133/2021 disciplinou sua feitura no art. 23, recomendando consultar várias fontes, ato denominado "Cesta de Preços Mercadológicos". Com efeito, considerando a peculiaridade do credenciamento em mercado fluido e o procedimento de lançamento de preços pelos fornecedores, essa coleta ocorrerá quando da negociação para contratação com a finalidade de analisar sua conformidade com o mercado.[134]

É importante deixar assentado que as variáveis consideradas na fixação do objeto no TR perpassam pelos elementos qualidade, quantidade, prazo de entrega, condições de fornecimento, que afetam diretamente o preço.

---

[133] Enunciado nº 36 do Instituto Nacional da Contratação Pública, 2ª edição: "É admissível o credenciamento com prazo de vigência indeterminado, sem prejuízo da possibilidade de ulterior revogação do procedimento, mediante comprovação da conveniência administrativa (Aprovado por unanimidade)".

[134] Sobre o tema, recomenda-se a leitura do tópico 4.2.1.8, pois é possível que seja adotada outra modulagem de pagamento.

4.2.1.4 Parâmetros para pesquisa de preços (art. 23, §1º)

Um dos pontos mais desafiadores e importantes do credenciamento em mercado fluido é o valor que será pago pela mercadoria entregue.

Temos o procedimento clássico de realizar a pesquisa de mercado prévia que servirá de referência para o aceite dos preços lançados pelos credenciados.

O §1º do art. 23 prescreve como deve ser realizada a pesquisa de mercado e indica os parâmetros que devem ser consultados, de forma combinada ou não.

Ocorre que essa dinâmica tradicional pode não adequar-se ao modelo do credenciamento, que parte da premissa de informações geradas pelo próprio mercado.

Essa, com toda certeza, será uma inovação na forma de verificar o preço de mercado, visto que resultará da própria dinâmica do formato de participação do *marketplace* o ranqueamento dos preços e validação automática pelo sistema. Tecendo considerações acerca do tema, conclui Alisson Carvalho de Alencar, Ana Carla Bliacheriene e Luciano Vieira de Araújo:[135]

> Na fase de compra, o *e-marketplace* aferirá as demandas dos consumidores, verificando a disponibilidade e adequação de produtos. As propostas são ranqueadas e validadas automaticamente pelo sistema, sendo seguidas pela homologação de operações que incluem empenho e pagamento. O monitoramento da entrega e o mapeamento do pós-venda garantem a qualidade do serviço, com um sistema de feedback que permite ajustes baseados em auditorias humanas para feedbacks negativos e melhorias automáticas para *feedbacks* positivos.

4.2.1.5 Edital e as principais informações

No edital e na minuta de contrato devem constar todas as informações do termo de referência (TR) e, ainda, procedimento dos recursos, sanções.

Cuidado redobrado deve se ter sobre os requisitos de habilitação, porquanto a contratação se dará em momento futuro e a depender

---

[135] Disponível em: https://sisbib.emnuvens.com.br/direitosegarantias/article/view/2496/686. Acesso em: 21 nov. 2024.

de outros critérios que serão naquele momento verificados. Em que pese isso, um mínimo de cuidado deve ter a Administração Pública, assegurando, pela documentação exigida, a garantia de exequibilidade contratual.

O exame da minuta do edital e do contrato deve ser feito por assessoria jurídica, conforme preceitua o art. 53, §5º, da Lei nº 14.133/2021.[136] Nesse sentido, o Enunciado nº 53, aprovado no 2º Simpósio sobre Licitações e Contratos, fixou o entendimento de que previamente à tomada de decisão, o agente ou a comissão de contratação considerará eventuais manifestações apresentadas pelos órgãos de assessoramento jurídico e de controle interno, observado o disposto no inc. VII do *caput* e no §1º do art. 50 da Lei nº 9.784/1999.

Finalizada a fase interna da contratação, o edital resumido deverá ser publicado no portal do órgão e no Portal Nacional de Contratações Públicas (PNCP).

Na tramitação do processo de credenciamento a comissão de contratação, constituída de agentes públicos indicados pela Administração, em caráter permanente ou especial com função de receber, examinar e julgamento dos documentos de credenciamento, deve juntar todos os documentos, atas, relatórios e deliberações, bem como os recursos eventualmente apresentados pelos participantes e respectivas decisões.

A homologação do credenciamento deverá ser feita pela autoridade competente e, em seguida, o resultado oficial deverá ser publicado no portal do órgão e no PNCP. Essa publicação deverá cientificar a todos os interessados que o credenciamento é permanente e pode ser pleiteado por qualquer interessado, incentivando o aumento constante do universo de credenciados.

---

[136] "Art. 53 - (...)
(...)
§5º - É dispensável a análise jurídica nas hipóteses previamente definidas em ato da autoridade jurídica máxima competente, que deverá considerar o baixo valor, a baixa complexidade da contratação, a entrega imediata do bem ou a utilização de minutas de editais e instrumentos de contrato, convênio ou outros ajustes previamente padronizados pelo órgão de assessoramento jurídico" (BRASIL. Lei nº 14.133, de 1º de abril de 2021. Lei de Licitações e Contratos Administrativos. *Diário Oficial da União*: Brasília, DF, 2021. Disponível em: https://planalto.gov.br/ccivil_03/_ato2019-2022/2021/lei/l14133.htm. Acesso em: 21 nov. 2024).

4.2.1.6 Minuta de contrato

A minuta de contrato deve atender às disposições previstas no art. 92 da Lei nº 14.133/2021, contendo, sem prejuízo de outras disposições:

> (...)
> I. qualificação das partes;
> II. detalhamento do objeto do ajuste com as condições do fornecimento;
> III. valor estimado e disciplina dos pagamentos;
> IV. duração do ajuste e possibilidade de prorrogação;
> V. possibilidade de admitir novos credenciamento a qualquer momento;
> VI. vedação à subcontratação;
> VII. hipóteses de descredenciamento e cláusula de sanção.[137]

Além disso, por tratar-se de procedimento diferenciado daqueles comumente adotados nas contratações, é vital para a eficiência do credenciamento em mercado fluido que seja adotado o *follow-up* (monitoramento das atividades e cronograma), por ser uma das ações mais relevantes relacionadas ao ciclo de compras com vários fornecedores e que objetiva prevenir atrasos e inadimplemento na entrega dos insumos.

Sobre o tema, Márcio Fedichina[138] ensina que essa medida é responsável pelo acompanhamento da acurácia do recebimento definitivo e liquidação do pedido, permitindo que a organização detecte problemas no desempenho da execução contratual e saiba antecipadamente qualquer possibilidade de atraso na entrega pelo fornecedor. Dessa forma, o órgão contratante consegue, em tempo hábil, acionar outro fornecedor credenciado – cujo preço for o melhor apresentado – para suprir a demanda sem maiores comprometimentos para a prestação do serviço público.

Ademais, a fixação de indicadores (KPIs) adequados para avaliação de desempenho dos fornecedores é outro padrão a ser observado no credenciamento. Verificar a qualidade do produto, atendimento

---

[137] BRASIL. Lei nº 14.133, de 1º de abril de 2021. Lei de Licitações e Contratos Administrativos. *Diário Oficial da União*: Brasília, DF, 2021. Disponível em: https://planalto.gov.br/ccivil_03/_ato2019-2022/2021/lei/l14133.htm. Acesso em: 21 nov. 2024.

[138] FEDICHINA, 2021, p. 23.

do tempo de entrega do objeto, apresentação dos documentos de qualificação, índice de rejeição e capacidade de solução de incidentes na execução contratual são indicadores viáveis de serem avaliados.

Márcio Fedichina afirma que "o processo de análise de desempenho possibilita que sejam identificados problemas decorrentes das entregas pelos fornecedores e que eles possam ser analisados e solucionados adequadamente, por meio da melhoria do sistema de abastecimento do fornecedor ou até mesmo pela sua troca por outro fornecedor".[139]

> A análise dos KPIs relacionados aos fornecedores se refere à verificação e ao controle de sua *performance* com relação aos prazos, aos tempos, ao preço e à qualidade de entrega. Avaliar o desempenho dos fornecedores é uma atividade fundamental das empresas, pois ela garante que o processo de fornecimento de materiais seja realizado de maneira eficiente e com o mínimo de ocorrências imprevistas.

4.2.1.7 Descredenciamento

O descredenciamento ocorrerá por meio de requerimento da parte ou de ofício, quando será instaurado processo administrativo e assegurada a ampla defesa e contraditório. A decisão de exclusão do credenciado deverá ser justificada e publicizada, conforme previsto no regulamento.

4.2.1.8 A gestão de riscos e o processo de credenciamento

Na Lei nº 14.133/2021, a gestão de riscos ganha um peso estratégico e é recomendada para utilização pela alta direção na busca, primeiramente, de diagnosticar e avaliar as atividades e processos que estão expostos aos riscos para, posteriormente, adoção de medidas de contingenciamento e controle. Essa ferramenta não pode ser tratada apenas e tão-somente como mero processo de identificação de falhas ou erros.

Segundo James Batista Vieira e Rodrigo Tavares de Souza Barreto:

> (...) a gestão de riscos legitima uma forma de processo decisório, baseada em evidências sobre os riscos que podem ser realizados por qualquer

---

[139] FEDICIHINA, 2021, p. 32.

ator competente para produzir uma avaliação de riscos de qualidade.

Nesse contexto, a gestão de riscos e os problemas que a governança pública busca resolver estão inter-relacionados, pois a avaliação do risco orienta o entendimento sobre onde a intervenção pública é legítima. Essa relação estabelece uma orientação normativa sobre como as decisões coletivas devem ser tomadas, assim como ocorre no processo decisório das agências públicas.[140]

A gestão de risco do metaprocesso de contratação e a avaliação do mapa de riscos direcionado à realização do credenciamento em mercado fluido[141] fortalecem a análise preditiva, antecipando e prevendo os problemas de alto impacto e a probabilidade de ocorrência, bem como orientam o tratamento e medidas de contingenciamento que devem ser adotadas.

Com efeito, essa avaliação não pode ser tratada pontualmente, apenas no momento de implementação do credenciamento, mas deve ser ação perene e constante de monitoramento.

4.2.1.9 O pagamento antecipado e os cuidados necessários

No contexto de um *marketplace* público, conforme discutido por Carolina Zancaner Zockun e Maurício Zockun,[142] a questão do pagamento antecipado na Administração Pública brasileira envolve uma série de desafios e oportunidades.

Embora o uso de *marketplace* tenha o potencial de reduzir custos e burocracia nas aquisições públicas, a prática de pagamento antecipado é cercada de riscos e precisa ser cuidadosamente regulamentada para garantir a proteção dos recursos públicos.

O pagamento antecipado, apesar de acelerar transações e promover maior flexibilidade nas compras públicas, pode gerar insegurança

---

[140] VIEIRA, James Batista; BARRETO, Rodrigo Tavares de Souza. *Governança, gestão de riscos e integridade*. Brasília, DF: Enap, 2019. p. 109. Disponível em: chrome-extension://efaidnbmnnnibpcajpcglclefindmkaj/https://repositorio.enap.gov.br/bitstream/1/4281/1/5_Livro_Governan%c3%a7a%20Gest%c3%a3o%20de%20Riscos%20e%20Integridade.pdf. Acesso em: 3 out. 2024.

[141] Conforme art. 18 da Lei nº 14.133/2021 (BRASIL. Lei nº 14.133, de 1º de abril de 2021. Lei de Licitações e Contratos Administrativos. *Diário Oficial da União*: Brasília, DF, 2021. Disponível em: https://planalto.gov.br/ccivil_03/_ato2019-2022/2021/lei/l14133.htm. Acesso em: 21 nov. 2024).

[142] ZOCKUN; ZOCKUN, 2020.

quanto à entrega de bens ou serviços contratados, especialmente em ambientes digitais. Para mitigar esse risco, o governo precisa estabelecer mecanismos de controle, como a exigência de garantias de execução contratual e um sistema de monitoramento eficiente. Além disso, é necessário que o *marketplace* conte com sistemas de verificação de fornecedores, que assegurem a idoneidade das empresas e a qualidade dos produtos oferecidos.

Outro aspecto relevante é a possibilidade de o governo implementar modelos de pagamento fracionado, onde parte do valor seria pago antecipadamente, e o restante, após a confirmação da entrega e conformidade do produto. Isso protegeria tanto a Administração quanto o fornecedor, minimizando os riscos de inadimplência ou falhas no fornecimento.

Em suma, o pagamento antecipado no *marketplace* público deve ser utilizado com cautela e respaldado por garantias contratuais e legislações que protejam os interesses públicos. O uso de tecnologia e seguradoras, como em alguns modelos internacionais, pode ser uma solução para aumentar a segurança nessas transações e garantir que o *marketplace* funcione de forma eficiente, segura e vantajosa para a Administração Pública.

4.2.1.10 Formas de pagamento no *marketplace*

O art. 92 da Lei nº 14.133/2021 estabelece o elenco de cláusulas contratuais que regulam a avença, sendo um dos seus requisitos a previsão das condições gerais de pagamento descritas em todos os contratos. Essa exigência deve se fazer presente, inclusive, quando o termo de contrato puder ser substituído por outros instrumentos hábeis,[143] tais como nota de empenho de despesa, autorização de compra ou ordem de execução de serviço. Essa é a orientação do art. 95, §1º, da Lei nº 14.133/2021.

Via de regra, o pagamento do preço estipulado em contrato é realizado também no prazo e modo pactuado, mas ocorre após a

---

[143] Conforme o art. 95 da Lei nº 14.133/2021, o instrumento de contrato pode ser substituído por outro instrumento hábil, como carta-contrato, nota de empenho de despesa, autorização de compra ou ordem de execução de serviço (BRASIL. Lei nº 14.133, de 1º de abril de 2021. Lei de Licitações e Contratos Administrativos. *Diário Oficial da União*: Brasília, DF, 2021. Disponível em: https://planalto.gov.br/ccivil_03/_ato2019-2022/2021/lei/l14133.htm. Acesso em: 21 nov. 2024).

entrega do objeto, variando conforme o fornecimento ou serviço for sendo executado. A antecipação de pagamento, por outro lado, é vedada, conforme dita o art. 145[144] da Lei nº 14.133/2021,[145] podendo ser admitida em situações excepcionais e devidamente justificadas pela Administração, desde que demonstrada a existência de interesse público e observados os seguintes critérios (art. 145, §1º):

a) represente condição sem a qual não seja possível obter[146] o bem ou assegurar a prestação do serviço, ou que propicie sensível economia de recursos;
b) existência de sua justificativa nos documentos constitutivos da fase preparatória e sua previsão no edital de licitação ou nos instrumentos formais de contratação direta;
c) possibilidade de exigência de garantia adicional como condição para o pagamento antecipado (art. 145, §2º);
d) previsão de devolução do valor antecipado caso o objeto não seja executado no prazo contratual (art. 145, §3º).

No mesmo sentido, cumpre destacar que art. 124 da Lei Complementar nº 182/2021 (Marco Regulatório das Startups) permite a antecipação do pagamento, visto que se trata de medida necessária para que as empresas que se enquadram nessa categoria tenham condições de desenvolver os estudos e protótipo da solução almejada.

Enfim, a regra é que o contratado cumpra com seu encargo contratual para que a Administração possa efetuar o pagamento do avençado. Contudo, a lei tem acolhido a adoção de novos modelos de pagamento adequados à realidade e necessidade que circundam a contratação.

No caso de compras por meio de *marketplace*, é importante registrar que o pagamento tem sido implementado, em alguns países, com uma dinâmica diferente, a qual atenda ao modelo de negócio inovador e ao ambiente regulatório.

Nesse contexto, é possível encontrar os seguintes modelos de remuneração:

---

[144] "Art. 145. Não será permitido pagamento antecipado, parcial ou total, relativo a parcelas contratuais vinculadas ao fornecimento de bens, à execução de obras ou à prestação de serviços."
[145] Orientação do art. 62 da Lei nº 4.320/1964 e art. 38 do Decreto nº 93.872/1986.
[146] É o que ocorreu na pandemia da Covid-19. É possível se dar, também, nos casos de desabastecimento das entregas e procura mais intensa do mercado.

a) Pagamento pelo fornecedor à plataforma de percentual sobre o valor de cada transação

A plataforma contratada recebe um percentual sobre o valor de cada transação efetuada pago pelo fornecedor.

Esse procedimento de cobrança automática, realizado pela plataforma com base em comissão ou taxa de uso calculada em cada contratação, permite que os órgãos públicos tenham, à disposição, um sistema atual, moderno e sem custos de operacionalização para realizarem suas contratações com mais eficiência, segurança e celeridade. Lado outro, os fornecedores podem planejar suas entregas e prever o percentual que deverão disponibilizar por cada transação.

b) Custo da transação é responsabilidade do órgão público

Esse modal é estruturado com sistema e pagamento de responsabilidade do órgão público contratante. Desse modo, a criação, operacionalização, manutenção do sistema são realizadas pela Administração Pública, que assumirá, também, a gestão financeira de toda a contratação.

c) Contratação da plataforma e remuneração realizada pelo órgão

Esse modelo de negócio envolve a realização, pelo órgão ou entidade, da contratação da plataforma e o pagamento pode ocorrer utilizando uma taxa fixa por transação ou valor mensal pelo uso. A remuneração das empresas credenciadas é feita diretamente pelo órgão contratante via transferência bancária.

A escolha da solução de remuneração da plataforma deve atender à realidade de cada organização e às finalidades públicas.

4.2.1.11 Avaliação de resultados no credenciamento em mercado fluido

A avaliação de resultado foi prestigiada no art. 87, §3º, da Lei nº 14.133/2021, o qual prevê que

> (...)
> (...) - a atuação do contratado no cumprimento de obrigações assumidas será avaliada pelo contratante, que emitirá documento comprobatório da avaliação realizada, registrado seu desempenho qualitativo na execução contratual, sempre forjada em indicadores objetivamente definidos

e aferidos. Também é parte desse documento, se for o caso, as eventuais penalidades aplicadas, as quais constarão no registro cadastral em que a inscrição for realizada.[147]

O mesmo artigo trata, ainda, de exigir que a anotação do cumprimento de obrigações pelo contratado está condicionada à implementação e à regulamentação do cadastro de atesto de cumprimento de obrigações, o qual demonstra ser o contratado apto à realização do registro de forma objetiva. Ainda são quesitos dessa avaliação o atendimento aos princípios da impessoalidade, da igualdade, da isonomia, da publicidade e da transparência, de modo a possibilitar a implementação de medidas de incentivo aos licitantes que possuírem ótimo desempenho anotado em seu registro cadastral.

Enfim, a verificação de resultado, qualidade e adequação do fornecimento permite auxiliar no monitoramento do atendimento das metas e verificar o alcance dos objetivos inicialmente pactuados.

Nessa perspectiva, é oportuno chamar atenção que o credenciamento em mercado de alta volatilidade é realizado para atender a esse propósito e, caso as entregas não atenderem por qualidade, atraso ou outro motivo, ele automaticamente serve como justificativa para estudo de novo modelo de contratação.

4.3 Aspectos técnicos e tecnológicos necessários

A implementação de um *marketplace* público requer a consideração de diversos aspectos técnicos e tecnológicos para garantir eficiência, segurança e conformidade com a legislação.

A seguir, os principais elementos necessários para a sua implantação.

a) Infraestrutura tecnológica
- Servidores e *cloud computing*: O uso de servidores robustos ou serviços de computação em nuvem que garantam alta disponibilidade e escalabilidade para suportar o grande volume de transações e consultas.

---

[147] BRASIL. Lei nº 14.133, de 1º de abril de 2021. Lei de Licitações e Contratos Administrativos. *Diário Oficial da União*: Brasília, DF, 2021. Disponível em: https://planalto.gov.br/ccivil_03/_ato2019-2022/2021/lei/l14133.htm. Acesso em: 21 nov. 2024.

- Integração de sistemas: O *marketplace* deve ser integrado com sistemas já existentes da Administração Pública, como portais de compras e plataformas de gestão financeira, permitindo uma troca de dados segura e em tempo real.
- Capacidade de processamento: É essencial prever uma infraestrutura que suporte o processamento de grandes volumes de dados, especialmente durante períodos de alta demanda, como fim de exercício fiscal.

b) Segurança da informação
- Criptografia de dados: A criptografia é fundamental para proteger transações e informações confidenciais de fornecedores e da Administração Pública. Deve-se garantir a proteção de dados tanto em repouso quanto em trânsito. Autenticação e Controle de acesso: implementação de mecanismos de autenticação forte (como o uso de certificados digitais e autenticação multifator) e controle de acesso, assegurando que apenas usuários autorizados possam realizar transações.
- Conformidade com a Lei Geral de Proteção de Dados (LGPD): A LGPD exige que as informações pessoais de todos os participantes do *marketplace* sejam tratadas de maneira segura e conforme os requisitos legais.

c) Arquitetura modular e Application Programming Interfaces (APIs)
- Application Programming Interfaces (APIs) para interoperabilidade: A plataforma deve ser construída de forma modular, permitindo a integração com outros sistemas por meio de APIs abertas e seguras. Isso facilita a conexão com fornecedores, bancos e outros serviços essenciais.
- Arquitetura escalável: A escolha de uma arquitetura escalável é importante para permitir o crescimento da plataforma, suportando um aumento no número de usuários e transações sem perda de desempenho.

d) Plataforma de *e-commerce* personalizada
- Sistema de gestão de compras públicas: O *marketplace* deve incluir ferramentas específicas para compras públicas, como a gestão de catálogos eletrônicos, cotação de preços, e mecanismos para o controle de contratos e prazos de entrega.

- Sistemas de pregão e concorrência: A plataforma deve permitir a realização de pregões eletrônicos (disputas entre os fornecedores) e outros formatos de competição entre fornecedores, promovendo a competitividade e a redução de custos para a Administração Pública.

e) Usabilidade e acessibilidade
- Interface de usuário (IU) intuitiva: A interface deve ser simples e fácil de usar tanto para os compradores do governo quanto para os fornecedores, garantindo que os processos de compra sejam eficientes e acessíveis a todos os envolvidos.
- Acessibilidade digital: A plataforma deve estar em conformidade com as diretrizes de acessibilidade, permitindo o uso por pessoas com deficiência, conforme as normas do governo para portais públicos.

f) Monitoramento e auditoria
- *Logs* de auditoria: É essencial que todas as transações e acessos sejam registrados em logs detalhados para permitir auditorias e garantir a conformidade com a legislação de compras públicas e controle interno.
- Ferramentas de monitoramento em tempo real: Implementação de ferramentas para o monitoramento contínuo do desempenho da plataforma, identificação de gargalos e análise de padrões de fraude ou irregularidades.

g) *Compliance* e governança
- Regulamentação de contratações: O *marketplace* deve estar em conformidade com as legislações nacionais, como a Lei nº 14.133/2021 (Nova Lei de Licitações), assegurando que todos os processos de contratação pública sigam os requisitos legais.
- Padrões de governança de TI: A gestão da plataforma deve seguir as melhores práticas de governança de TI, como o Information Technology Infrastructure Library (ITIL) e Control Objectives for Information and Related Technology (COBIT), garantindo uma operação eficiente e confiável.

h) Capacitação e suporte técnico
- Treinamento de usuários: É fundamental oferecer capacitação e suporte técnico tanto para os servidores públicos quanto para os fornecedores que usarão o marketplace, garantindo a correta utilização da plataforma.
- Help Desk e Suporte 24/7: É um sistema de suporte técnico contínuo, disponível para resolver questões de usuários em tempo real, é essencial para evitar interrupções nos processos de compra.

A implementação de um *marketplace* público no Brasil, seguindo esses aspectos técnicos e tecnológicos, ajudaria a modernizar e otimizar as compras públicas, além de promover maior eficiência e transparência na gestão de recursos públicos.

4.4 Padrões de governança e controle

A Lei nº 14.133/2021 prevê no art. 11, p. único, o dever da alta administração de implementar a governança das contratações:

> (...)
> Parágrafo único. A alta administração do órgão ou entidade é responsável pela governança das contratações e deve implementar processos e estruturas, inclusive de gestão de riscos e controles internos, para avaliar, direcionar e monitorar os processos licitatórios e os respectivos contratos, com o intuito de alcançar os objetivos estabelecidos no *caput* deste artigo, promover um ambiente íntegro e confiável, assegurar o alinhamento das contratações ao planejamento estratégico e às leis orçamentárias e promover eficiência, efetividade e eficácia em suas contratações.[148]

Da leitura do artigo podemos perceber que é mandatório nos órgãos e entidades públicas a instituição de processos e estruturas, inclusive de gestão de riscos e controles internos, para alcançar os seguintes objetivos:

---

[148] BRASIL. Lei nº 14.133, de 1º de abril de 2021. Lei de Licitações e Contratos Administrativos. *Diário Oficial da União*: Brasília, DF, 2021. Disponível em: https://planalto.gov.br/ccivil_03/_ato2019-2022/2021/lei/l14133.htm. Acesso em: 21 nov. 2024.

(...)

a) assegurar a seleção da proposta apta a gerar o resultado de contratação mais vantajoso para a Administração Pública, inclusive no que se refere ao ciclo de vida do objeto;

b) assegurar tratamento isonômico entre os licitantes, bem como a justa competição;

c) evitar contratações com sobrepreço ou com preços manifestamente inexequíveis e superfaturamento na execução dos contratos;

d) incentivar a inovação e o desenvolvimento nacional sustentável;

e) promover um ambiente íntegro e confiável;

f) assegurar o alinhamento das contratações ao planejamento estratégico e às leis orçamentárias;

g) promover eficiência, efetividade e eficácia em suas contratações.

Como podemos ver, a governança é ingênita da lei e irradia seus mecanismos de liderança, estratégia e controle em todo o texto, a fim de avaliar, direcionar e monitorar a atuação da gestão das contratações públicas, objetivando que as aquisições agreguem valor ao negócio do órgão e entidade pública, com riscos aceitáveis.[149]

Neste ponto, torna-se importante assimilar, para a perfeita aplicação da norma,[150] os mecanismos da governança: liderança, estratégia e controle, que são um conjunto de práticas que visam incrementar o desempenho das organizações e se encontram dispersos no texto da lei.

A liderança é o conjunto de condições mínimas para o exercício da governança. É importante que as pessoas responsáveis pela alta administração e principais posições voltadas a área de contratação sejam probas, capacitadas, competentes, responsáveis, motivadas e familiarizadas com as contratações públicas, para o alcance dos resultados esperados pela organização.[151]

Partindo dessa premissa, o texto da lei dá ênfase a medidas de integridade voltadas aos agentes públicos (arts. 7º, inc. III e §1º; art. 9º), gestão por competência (art. 7º, incs. I e II) e matriz de responsabilidade (art. 8º); plano de capacitação (arts. 18, §1º, inc. X; art. 169, §3º, inc. I; art. 173); definição de funções (art. 8º, §§3º e 4º).

---

[149] Recomendamos leitura da Resolução nº 347, de 13 de outubro de 2020.
[150] BRITO, 2021.
[151] Ver o conceito em: https://portal.tcu.gov.br/governanca/governanca-no-tcu/mecanismos-de-governanca. Acesso em: 2 abr. 2021.

Já a estratégia compreende a definição de diretrizes, objetivos, planos e ações, além de critérios de priorização e alinhamento entre organizações e partes interessadas, para que os serviços e produtos de responsabilidade da organização alcancem o resultado pretendido.[152]

Cite-se, a propósito, algumas ações estratégicas que devem ser implementadas nas organizações para aprimorar as contratações públicas: programa de integridade (arts. 25, §4º; art. 60, inc. IV; art. 156, §1º, inc. V; art. 163, p. único);[153] plano de logística sustentável – projetos de lei com as dimensões sociais, ambientais, econômicas e culturais (art. 4º; art. 11, inc. IV; art. 18, §1º, inc. XII; art. 25, §2º; art. 34; art. 42, inc. III; art. 45; art. 60; art. 63, inc. IV; art. 75, inc. IV, letra "j" e inc. XIV); política de interação com o mercado (art. 21, art. 30, art. 32, art. 79, art. 81), entre outros.

Vale lembrar que o planejamento estratégico deve ser considerado na elaboração do plano anual das contratações, é o que dispõe o art. 12, inc. VII, da Lei nº 14.133/2021. A ausência de alinhamento entre o prioritário e o que se contrata acaba levando ao prejuízo e desconexão dos objetivos da organização.

Por fim, o terceiro mecanismo da governança, o controle, tratará das estruturas que possibilitam o acompanhamento das ações, o monitoramento dos resultados e a tempestiva correção dos caminhos, quando necessário.[154]

Um dos instrumentos essenciais para realização do controle é o gerenciamento e monitoramento de riscos e a lei deu ênfase a adoção dessa medida de controle preventivo pelas três linhas de defesa. Vejamos:

> Art. 169 As contratações públicas deverão submeter-se a práticas contínuas e permanentes de gestão de riscos e de controle preventivo, inclusive mediante adoção de recursos de tecnologia da informação, e, além de estar subordinadas ao controle social, sujeitar-se-ão às seguintes linhas de defesa:

---

[152] Art. 5º do Decreto nº 9.203/2017.
[153] O Decreto nº 12.304, de 9 de dezembro de 2024, ao regulamentar os dispositivos citados, dispõe sobre os parâmetros e a avaliação dos programas de integridade nas hipóteses de contratação de obras, serviços e fornecimentos de grande vulto, de desempate de propostas e de reabilitação de licitante ou contratado, no âmbito da Administração Pública Federal Direta, Autárquica e Fundacional.
[154] BRASIL. Tribunal de Contas da União. *Referencial básico de governança organizacional para organizações e outros entes jurisdicionados ao TCU*. 3. ed. Brasília, DF: Tribunal de Contas da União, 2014. Disponível em: https://portal.tcu.gov.br/imprensa/noticias/tcu-publica-a-3-edicao-do-referencial-basico-de-governanca-organizacional.htm. Acesso em: 20 set. 2024.

I - primeira linha de defesa, integrada por servidores e empregados públicos, agentes de licitação e autoridades que atuam na estrutura de governança do órgão ou entidade;

II - segunda linha de defesa, integrada pelas unidades de assessoramento jurídico e de controle interno do próprio órgão ou entidade;

III - terceira linha de defesa, integrada pelo órgão central de controle interno da Administração e pelo tribunal de contas.

Com relação a transparência, outro pilar do controle, podemos citar, o tão festejado Portal Nacional de Contratações Públicas (PNCP), previsto no art. 54, que dará transparência e permitirá o controle social.

É importante notar que o controle previsto na Nova Lei se volta para o resultado e não fica atrelado a inflexibilidade de procedimentos solenes. Essa orientação pode ser confirmada nos arts. 5º; 169, §1º, e 170. Este último dispositivo vale a pena reproduzir:

Art. 170. Os órgãos de controle adotarão, na fiscalização dos atos previstos nesta Lei, critérios de oportunidade, materialidade, relevância e risco e considerarão as razões apresentadas pelos órgãos e entidades responsáveis e os resultados obtidos com a contratação, observado o disposto no §3º do art. 169 desta Lei.

Esse comando de se alcançar o resultado está atrelada a essência da governança.

A marca indelével do controle voltada ao combate a corrupção não funcionou, tampouco as inúmeras penas que foram aplicadas. Por isso, a gestão de riscos, monitoramento, a aplicação e a avaliação de indicadores de resultados são o que deve ser considerado pelos órgãos de controle.

4.5 Regulamentação do processo de credenciamento

Para dar segurança jurídica e proteção aos gestores e fornecedores e, ainda, considerando as regras emanadas da Lei nº 14.133/2021 e a oportunidade de se avançar e progredir com relação à implementação de novo modal de credenciamento, é importante despertar nas organizações o dever de regulamentar e sistematizar as suas normas e procedimentos.

A orientação de criar um ambiente decisório mais seguro e regulamentar o procedimento de credenciamento em mercado fluido vai ao encontro do previsto no art. 30 da Lei de Introdução às Normas do Direito Brasileiro (LINDB): "As autoridades públicas devem atuar para aumentar a segurança jurídica na aplicação das normas, inclusive por meio de regulamentos, súmulas administrativas e respostas a consultas".

Dessa forma, fortalece-se a estabilidade das relações negociais e inibe incertezas e dúvidas das partes envolvidas no processo de contratação. Em apoio a essa orientação, o ministro do TCU, Benjamin Zymler, assim se expressou:[155] "Vejo com bons olhos a edição de normativos da espécie, pois proporcionam sistematização e incrementam a segurança jurídica dos gestores públicos (...)".

É importante enfatizar que deve constar desse regulamento um guia para ser observado na organização, bem como os documentos que serão necessários para a tramitação processual.

Além disso, torna-se essencial definir as etapas do credenciamento, os atos que deverão ser praticados, os atores que movimentarão essa engrenagem interna e os documentos a serem produzidos.

Se na organização não for implementada e padronizada a tramitação do processo e o fluxo de documentos, o procedimento fica com o uso comprometido e desacreditado, o retrabalho torna-se regra e os desperdícios com tempo, recursos, hora técnica dos servidores e colaboradores tornam-se comuns.

> Para poder utilizar o sistema de credenciamento, a Administração deverá, por meio de regulamento, fixar todas as condições que serão exigidas dos interessados, bem como as que devem ser cumpridas pela própria Administração. Essa regulamentação se impõe por força do princípio da legalidade, que determina que a Administração Pública pratique seus atos de acordo com o ordenamento jurídico vigente, aí considerada não apenas a lei em sentido estrito, mas sim o conjunto de normas e princípios existentes.[156]

Uma boa metodologia a ser adotada na implementação do procedimento do credenciamento em mercado fluido é realizar a troca de conhecimento e práticas com outros órgãos e entidades públicas,

---

[155] MONTEIRO, Solange. Ministro Benjamin Zymler, do TCU, analisa reequilíbrio de preços em contratos de obras públicas. *In*: CONJUNTURA ECONÔMICA. *Blog da Conjuntura Econômica*. Rio de Janeiro, 4 ago. 2022. Disponível em: https://ibre.fgv.br/blog-da-conjuntura-economica/artigos/ministro-benjamin-zymler-do-tcu-analisa-reequilibrio-de-precos. Acesso em: 20 set. 2024.

[156] CONSULTORIA (...), 2005.

comparando o desempenho de fluxos já estruturados, levantando as melhores práticas e identificando pontos que devem ser evitados. Depois de implementado o passo a passo, esse processo deve passar por revisões contínuas e melhorias incrementais.[157]

De acordo com o art. 79, p. único da Lei nº 14.133/2021, o procedimento de credenciamento deverá observar as seguintes regras:

> (...)
>
> I - a Administração deverá divulgar e manter à disposição do público, em sítio eletrônico oficial, edital de chamamento de interessados, de modo a permitir o cadastramento permanente de novos interessados;
>
> II - na hipótese do inc. I do *caput* deste artigo, quando o objeto não permitir a contratação imediata e simultânea de todos os credenciados, deverão ser adotados critérios objetivos de distribuição da demanda;
>
> III - o edital de chamamento de interessados deverá prever as condições padronizadas de contratação e, nas hipóteses dos incisos I e II do *caput* deste artigo, deverá definir o valor da contratação;
>
> IV - na hipótese do inc. III do *caput* deste artigo, a Administração deverá registrar as cotações de mercado vigentes no momento da contratação;
>
> V - não será permitido o cometimento a terceiros do objeto contratado sem autorização expressa da Administração;
>
> VI - será admitida a denúncia por qualquer das partes nos prazos fixados no edital.[158]

De forma mais detalhada, segundo a Lei, é importante no regulamento:

a) Fixar a finalidade para a qual o credenciamento em mercado fluido será instituído. Deverá restar plenamente caracterizada no processo administrativo que der origem ao sistema de credenciamento que a necessidade, devidamente identificada e caracterizada pela Administração; não poderá ser satisfeita por meio da licitação, pois o interesse público enseja o oferecimento do objeto pretendido por uma pluralidade de prestadores considerando a volatilidade dos preços mercadológicos;[159]

---

[157] No Capítulo 5 deste livro, temos boas práticas de *marketplace* implementado nas organizações públicas.
[158] BRASIL. Lei nº 14.133, de 1º de abril de 2021. Lei de Licitações e Contratos Administrativos. *Diário Oficial da União*: Brasília, DF, 2021. Disponível em: https://planalto.gov.br/ccivil_03/_ato2019-2022/2021/lei/l14133.htm. Acesso em: 21 nov. 2024.
[159] CONSULTORIA (...), 2005.

b) Divulgar o edital de chamamento dos interessados no sítio eletrônico oficial do órgão contratante e no Portal Nacional de Contratações Públicas (PNCP);
c) Fixar as exigências mínimas para que os interessados possam se credenciar. Ao fixar esses requisitos mínimos, a Administração deverá tomar a máxima cautela para não inserir nenhuma exigência que restrinja, frustre ou comprometa a finalidade do credenciamento (a contratação de todos aqueles que atendam aos requisitos impostos pela Administração). Para tanto, deverá se ater aos requisitos e condições mínimas do fornecimento considerados essenciais ao bom e pleno atendimento do objeto;[160]
d) Indicar as condições padronizadas de contratação, bem como as condições e prazos de pagamento;
e) Proibir a subcontratação de terceiros para o fornecimento do objeto do credenciamento;
f) Informar as hipóteses de descredenciamento e prever a possibilidade de denúncia, a qualquer tempo, conforme previsto no ajuste;
g) Permitir o credenciamento, a qualquer tempo, dos interessados que atendam às exigências do edital;
h) Fixar todas as normas de caráter operacional a serem observadas pelos credenciados;[161]
i) Estabelecer os prazos para interposição de recurso contra o indeferimento dos pedidos de credenciamento, bem como assegurar a ampla defesa e o contraditório;[162]
j) Divulgar no portal do órgão os valores praticados no credenciamento com objetivo do exercício do controle interno, externo e social.

---

[160] CONSULTORIA (...), 2005.
[161] Ibidem.
[162] Ibidem.

CASOS DE REFERÊNCIA NO BRASIL

Este capítulo tem a finalidade de divulgar os *cases* de implementação do *marketplace* e ferramentas tecnológicas pelos órgãos e entidades públicas com o intuito de fomentar, inspirar e disseminar as práticas e informações lançadas neste livro.

5.1 Farmácia Virtual

No dia 20 de setembro de 2024, a Central de Compras do Ministério da Gestão e da Inovação em Serviços Públicos (MGI) publicou a Consulta Pública nº 3/24, com o objetivo de receber sugestões e opiniões da sociedade sobre a tecnologia que será adotada no Projeto Farmácia Virtual, solução que será licitada pelo órgão para facilitar o processo de compras públicas de materiais médico-hospitalares, odontológicos, medicamentos e dietas enterais (alimentação por sonda).[163]

É consabido que o fornecimento desses bens enfrenta vários desafios, em especial a complexidade e a incerteza próprias do mercado de flutuação constante, e buscar um novo modelo de compras é medida benfazeja, haja vista que a tradicional contratação se mostra, quase sempre, inepta para o propósito de alcançar um fornecimento adaptado a essa comercialização diferenciada.

Nesse cenário, a criação do ambiente de credenciamento em mercado fluido para recebimento e registro de propostas de futuras

---

[163] Disponível em: https://www.gov.br/participamaisbrasil/consulta-publica-n-3-2024-projeto-farmacia-virtual. Acesso em: 20 set. 2024.

contratações de materiais médicos e odontológicos, medicamentos e dietas enterais é uma alternativa que deve ser avaliada nos estudos técnicos preliminares para atender ao escopo desse tipo de demanda.

Registra-se que esse modelo diferenciado e inovador de credenciamento de fornecedores, os quais farão registro de seus produtos e valores na ferramenta tecnológica disponibilizada na *web* e em aparelhos móveis, como celulares, tem fundamento nos arts. 74, inc. IV, e 79 da Lei nº 14.133/2021.

É importante destacar que essa lei incentiva o incremento das estruturas e a adoção de novas ferramentas gerenciais e tecnológicas para dar mais fluidez e eficiência aos processos de trabalho das licitações, permitindo melhores resultados. É o que dispõe o art. 11, inc. IV, e art. 19.

5.2 *E-marketplace* Prefeitura de Belo Horizonte

O texto a seguir foi elaborado pelo secretário-adjunto/subsecretário de Planejamento, Gestão e Finanças da SMOBI da Prefeitura de Belo Horizonte, Rodrigo Ferreira Matias, atendendo ao convite das autoras para contribuir com a experiência do procedimento de implementação do *marketplace* na Prefeitura de Belo Horizonte.

Segundo o secretário:

> A implementação do MarketPlace pela Secretaria de Obras da Prefeitura de Belo Horizonte destina-se à aquisição de materiais de construção, com a perspectiva de viabilizar uma estratégia de compras que garanta, em tempo e hora, os insumos para o atendimento das demandas por manutenção da cidade. Trata-se de um sistema onde a administração poderá adquirir diretamente de diversos fornecedores previamente credenciados.

Nesse contexto, a cada demanda, um pedido de compras é cadastrado na plataforma; as empresas ofertam seus preços, e, para cada item, o fornecedor com a proposta de menor valor é selecionado. Após o julgamento de cada pedido, a Administração gera as ordens de fornecimento com o local de entrega estipulado e, após o atendimento pelo fornecedor, efetua o pagamento em até três dias úteis.

Para a viabilização desse "arranjo", tem-se, de um lado, uma licitação específica para a seleção e contratação do sistema, realizada em 2024, na modalidade de pregão eletrônico. As especificações e informações a respeito do procedimento encontram-se publicadas no Portal de Transparência das Licitações da Prefeitura de Belo Horizonte.[164]

De outro, o processo administrativo para o credenciamento de fornecedores pretende guarnecer a plataforma com o maior número possível de empresas aptas a comercializarem com a Prefeitura. O edital para o procedimento, também disponível na página oficial da PBH, foi publicado em dezembro de 2024, com prazo previsto para três anos de duração e fundamentado na hipótese de credenciamento especificada no inc. III do art. 79 da Lei nº 14.133/2021.

Tal fundamento aduz que é possível a realização de credenciamento na perspectiva de aquisição de produtos em mercados fluidos, definidos pela lei como aqueles "casos em que a flutuação constante do valor da prestação e das condições de contratação inviabiliza a seleção de agente por meio de processo de licitação". Foi necessário, portanto, realizar estudo mais aprofundado acerca do mercado de materiais de construção, com vistas a investigar e a demonstrar a sua fluidez e o caminho crítico construído para este estudo, que talvez seja o que melhor poderá servir como contribuição para casos futuros a serem estudados pela própria Prefeitura de Belo Horizonte ou demais entes da Federação, na perspectiva da replicabilidade do modelo.

A maior adversidade ao se estudarem materiais de construção como itens de mercado fluido foi a própria conotação dada pelo senso comum como exemplos de fluidez; ou seja, sempre que se mencionam mercados fluidos surgem citações aos valores de tarifas de Uber, passagens aéreas, etc., itens cuja variação de preços ocorre no mesmo dia várias vezes e, por óbvio, de fato são mesmo serviços prestados no contexto de mercado fluido. Mas cabe observar que a definição legal infere que é considerado mercado fluido, para fins de aquisições e contratações públicas no Brasil, todo produto e serviço cuja variação de preços inviabilize a seleção de agentes por meio de procedimento licitatório, e não apenas aquele que possua variações diversas de preços em curto espaço de tempo.

Nesse viés, o foco da construção da justificativa da fluidez do mercado de materiais de construção se assentou em três premissas principais: 1) comprovar quanto tempo, em média, a Secretaria Municipal

---

[164] Disponível em: https://prefeitura.pbh.gov.br/licitacoes. Acesso em: 20 set. 2024.

de Obras e Infraestrutura de Belo Horizonte utiliza para a realização de um procedimento licitatório, nesse caso, o pregão eletrônico; 2) comprovar a variação de preços de materiais de construção e o tempo em que ela ocorre e 3) estudar e demonstrar o fracasso e deserções de licitações regulares para a compra de materiais de construção em anos recentes realizados pela Prefeitura de Belo Horizonte.

No que diz respeito à comprovação do tempo médio utilizado pela Secretaria de Obras para a realização de seus procedimentos licitatórios, não houve grandes dificuldades. Quando da criação da unidade de compras da Secretaria em 2022, uma das primeiras atividades realizadas pela equipe de gestão, com validação pelo secretário municipal, foi o estabelecimento de um "acordo de nível de serviços (ANS)", em que todas as fases dos procedimentos licitatórios foram mapeadas, estudadas e tiveram prazos definidos para sua execução, sendo tal iniciativa formalizada por meio de ato normativo interno, a Portaria SMOBI nº 296, de 2023.

Esse acordo de nível de serviços é monitorado mensalmente e os resultados apurados apontam para um percentual próximo a 93% de aderência de seus prazos, ou seja, há que se concluir que são mesmo os prazos praticados que, dentre outras coisas, garantem previsibilidade para os requisitantes e demandantes dos processos licitatórios da casa. Nos termos da portaria, em média, um pregão eletrônico é realizado em 71 dias úteis, algo próximo a 90 dias corridos.

Já no contexto da comprovação da variação de preços, optou-se por utilizar como fonte de dados tabelas oficiais referenciais de preços, nesse caso, as estabelecidas pelo Sistema Nacional de Pesquisa de Custos e Índices da Construção Civil (SINAPI), desenvolvido, mantido e atualizado mensalmente pela Caixa Econômica Federal, amplamente utilizadas para a composição de preços de obras e serviços de engenharia nas licitações públicas do Brasil.[165]

A partir das tabelas em questão, a equipe do projeto compôs uma série histórica com 30 meses de informações e estudou a variação dos preços mês a mês. O que se observou foi que 75,02% da amostra teve variações de preços, para mais ou para menos, no período de dois meses e que 94,57% variaram da mesma maneira em períodos trimestrais,

---

[165] Disponível em: https://www.caixa.gov.br/poder-publico/modernizacao-gestao/sinapi/Paginas/default.aspx. Acesso em: 20 set. 2024. Como referência, utilizaram-se as tabelas de insumos para a construção civil "desonerados".

ou seja, durante o período de 72 dias úteis previstos para a licitação, mais de 94,57%% dos itens já tinham variações significativas de preços, sendo que a pesquisa referencial do processo já não refletia os preços de mercado no momento da abertura das licitações.

O estudo foi realizado para os mais de 4.000 itens da tabela SINAPI, bem como para os itens da tabela que coincidiam com os já adquiridos pela Secretaria e o resultado verificado foi o mesmo. Na série histórica como um todo, comprovou-se que alguns itens tiveram mais de 923% de aumento no período, enquanto outros mais de 181% de redução de preços.

Passou-se, então, a estudar o comportamento das licitações realizadas pela Secretaria e pela Superintendência de Desenvolvimento da Capital (Sudecap), nos anos de 2020 em diante. Verificou-se que todos os pregões, a exemplo dos processos nº 031/2022, 016/2022, 037/2021, 021/2021 e 019/2020 registraram lotes fracassados ou desertos e poucos tiveram sucesso e levaram à aquisição de itens.

Foi possível concluir que a assertividade do procedimento regular de licitação para materiais de construção estava intimamente relacionada à variação que culminava na redução de preços de itens no período entre a pesquisa de preço e a abertura do certame, enquanto o insucesso àquelas variações que elevavam os preços nesse mesmo período.

Os sucessivos fracassos e as deserções nas licitações mencionadas contribuíram sobremaneira para o estabelecimento do quadro de impossibilidade de atendimento de mais de 1.400 demandas anuais de manutenção de edificações próprias da Prefeitura, verificadas entre 2021 e 2023, todas por ausência de materiais de construção.

Recentemente, conversando com outros colegas interessados no modelo de Belo Horizonte, quando explicado esse racional de comprovação da fluidez do mercado de material de construção, um colega disse: "Olha, da maneira como vocês colocam, tudo é mercado fluido!" Ao que lhe foi respondido: "Bom argumento, comprove-o!".

5.3 *E-marketplace* do município de Jaboatão dos Guararapes para aquisições no SUS

As informações a seguir colacionadas foram desenvolvidas pelo professor Andryu Lemos Júnior, que participa ativamente da implementação do *e-marketplace* do município de Jaboatão dos Guararapes para aquisições no SUS.[166]

5.3.1 Introdução

A Constituição Federal de 1988 definiu, em seu art. 196, que a saúde é direito de todos e dever do Estado. Para atingir esse objetivo, foi criado o SUS, de acordo com as diretrizes de descentralização, atendimento integral e participação popular, respeitando os princípios de universalidade, integralidade e igualdade, firmados na própria Constituição.

A forte pressão de movimentos civis e sociais, na década de 1980, fez com que a Constituição Federal de 1988 dedicasse um capítulo inteiro à saúde, prevendo que ela deveria ser universal, gratuita e de acesso igualitário a todos. Como é cediço, o direito à saúde constitui direito fundamental, tendo sido fixado como cláusula pétrea na atual conjuntura constitucional, nos termos do art. 60, §4º, do mesmo diploma, o que significa, portanto, que não pode ser alterado nem mesmo por Proposta de Emenda à Constituição (PEC).

De tal sorte, o Sistema Único de Saúde (SUS), enquanto um conjunto de ações e serviços de saúde, prestados por órgãos e instituições públicas federais, estaduais e municipais, da Administração Indireta e das fundações mantidas pelo poder público, visa concretizar o direito fundamental à saúde, previsto constitucionalmente, que não somente prevê a saúde enquanto direito de todos, mas como um dever do Estado.

Em pesquisas realizadas pelo Ministério da Saúde, foi identificado que o SUS é o único sistema de saúde pública do mundo que atende mais de 190 milhões de pessoas – 80% das quais dependem, exclusivamente, dos serviços públicos para qualquer atendimento de saúde. Apesar disso, todos podem usar o SUS gratuitamente, porque seus princípios são a integralidade, a igualdade e a universalidade.

Ao longo dessas décadas de existência, o SUS avançou, historicamente, com medidas como a descentralização e a municipalização

---

[166] Advogado e consultor. Professor de diversos cursos de capacitação, especialista em Planejamento e Gestão Pública. Especialista em Licitações e Contratos Administrativos, especialista em Penal e Processo penal. Mestrando em Administração Pública. Superintendente Especial de Licitações e Contratos no município de Jaboatão dos Guararapes. Presidente do Conselho Administrativo da Empresa Municipal de Iluminação Pública do Jaboatão dos Guararapes. Autor de diversos artigos e obras publicadas na temática licitações e contratos.

de ações e serviços, o fortalecimento da atenção básica; a ampliação de ações de prevenção a doenças; o investimento em pesquisa e desenvolvimento científico-tecnológico de equipamentos e insumos estratégicos, como vacinas e medicamentos; o desenvolvimento de sistemas de informação e de gestão para monitorar resultados; a ampliação no número de trabalhadores em saúde e a maior participação e controle social, por meio da atuação efetiva dos conselhos municipais e estaduais de saúde.

Os modelos de atenção e gestão à saúde representam a forma de organização do sistema de saúde e suas práticas em resposta às necessidades da população. Os modelos são expressos em políticas, programas e serviços de saúde que estejam em harmonia com os princípios e diretrizes que estruturam o SUS. Logo, um modelo de atenção à saúde deve considerar essa complexidade.

Em pesquisa realizada pelo Instituto Brasileiro das Organizações Sociais de Saúde (Ibross), a pandemia de Covid-19 provocou uma inflação alta e generalizada nos hospitais gerais do SUS pelo Brasil, com aumentos de até 528% nos preços de materiais médico-hospitalares e 410% no de medicamentos usados para tratar os doentes.

Diante de tal cenário, o município de Jaboatão dos Guararapes, necessita, de forma contínua, da aquisição de medicamentos e material médico-hospitalar para suprir a necessidade das demandas advindas das 112 equipes de saúde da família, 10 unidades básicas tradicionais, 6 policlínicas de saúde e ao Serviço de Atendimento Móvel de Urgência (SAMU) da Rede Municipal de Saúde.

Apesar de se concretizar enquanto um modelo de política pública a ser seguido, o Sistema Público de Saúde brasileiro ainda enfrenta desafios. É nesse ponto que as licitações e contratos do setor merecem atenção. O modelo burocrático das contratações públicas, adotado pelo ordenamento jurídico brasileiro, tem sido alvo constante de críticas pelos gestores públicos, em virtude das inúmeras dificuldades enfrentadas na instrumentalização dos processos de contratação, como único caminho necessário para o desenvolvimento das políticas públicas.

Nesse contexto, a Nova Lei de Licitações e Contratos trouxe avanços significativos aos processos de contratações públicas ao incluir os procedimentos auxiliares, que ampliam as modelagens de contratação da Administração Pública, ampliando, de tal maneira, as formas de desenvolver as políticas públicas de saúde.

Nas lições de Ronny Charles, o credenciamento promove uma ruptura com a tensão dos modelos licitatórios tradicionais ao possibilitar contratações mais dinâmicas, especialmente, em mercados caracterizados por volatilidade de preços e alta variação na oferta de bens e serviços. Tal modelo é particularmente adequado para o setor de saúde, no qual a dinâmica do mercado exige flexibilidade e agilidade nos processos de aquisição.[167]

Nesse sentido, na tentativa de buscar soluções para esse problema, que vem perdurando ao longo de várias décadas, o presente estudo se propõe a apresentar soluções legais, para uma possível implantação de um sistema de *e-commerce* governamental, através do procedimento auxiliar de credenciamento, instituído legalmente no art. 78, inc. I, da Lei Federal nº 14.133/2021, como alternativa eficiente às dificuldades de contratualização junto ao mercado fluido dos insumos de saúde.

5.3.2 Os desafios e dificuldades do desenvolvimento da política pública de saúde no município de Jaboatão dos Guararapes no cenário pós-pandemia

Ao longo dessas décadas de existência, o SUS avançou historicamente com medidas como descentralização e municipalização de ações e serviços, fortalecimento da atenção básica; ampliação de ações de prevenção a doenças; investimento em pesquisa e desenvolvimento científico-tecnológico de equipamentos e insumos estratégicos, como vacinas e medicamentos; desenvolvimento de sistemas de informação e de gestão para monitorar resultados; ampliação no número de trabalhadores em saúde e maior participação e controle social, por meio da atuação efetiva dos conselhos municipais e estaduais de saúde.

De tal maneira, podemos afirmar que o SUS é um conjunto de todas as ações e serviços de saúde prestados por órgãos e instituições públicas federais, estaduais e municipais, da Administração Direta ou Indireta, que pode ser complementado pelos serviços de saúde ofertados pela iniciativa privada.

De acordo com a Lei Orgânica da Saúde (Lei nº 8.080/1990), é dever do Estado garantir as condições para a sua efetivação, através de políticas econômicas e sociais, com ênfase em reduzir riscos de doenças e agravos e estabelecer o acesso universal e igualitário às ações e aos serviços para a promoção, proteção e recuperação da saúde.

Os modelos de atenção e gestão à saúde representam a forma de organização do sistema de saúde e suas práticas em resposta às

---

[167] TORRES, 2021, p. 451.

necessidades da população. Os modelos são expressos em políticas, programas e serviços de saúde que estejam em harmonia com os princípios e diretrizes que estruturam o SUS. Logo, um modelo de atenção à saúde deve considerar essa complexidade.

Em pesquisa realizada pelo Ibross, a pandemia de Covid-19 provocou uma *inflação* alta e generalizada nos hospitais grais do SUS pelo Brasil, com aumentos de até 528% nos preços de materiais médico-hospitalares e 410% no de medicamentos usados para tratar os doentes.

A Secretaria Municipal de Saúde do Município de Jaboatão dos Guararapes-PE necessita da aquisição de medicamentos e material médico-hospitalar para suprir a necessidade das demandas advindas das 112 equipes de saúde da família, 10 unidades básicas tradicionais, 6 policlínicas de saúde e ao serviço de atendimento móvel de Urgência (SAMU) da Rede Municipal de Saúde.

As medicações padronizadas destinam-se ao uso, exclusivo, dos munícipes atendidos nas unidades da Rede de Saúde do Município de Jaboatão dos Guararapes-PE, SUS, hospitais de referência (SUS) e serviços complementares com convênios com o município, sendo os medicamentos disponibilizados nas unidades de saúde conforme o perfil assistencial das mesmas (unidades básicas e especializadas). Desse modo, esse instrumento tem caráter delineador de condutas profissionais pautadas na melhor evidência terapêutica, buscando a garantia de acesso aos medicamentos e por fim almejando o uso seguro e racional dos medicamentos.

O Plano Municipal de Saúde (PMS), cuja vigência é o quadriênio 2022-2025, teve sua construção a partir de discussões em nível local, regional e central na Secretaria Municipal de Saúde do Jaboatão dos Guararapes com base na análise dos problemas e necessidades de saúde da população, com participação do controle social durante da 8ª Conferência Municipal de Saúde do Jaboatão dos Guararapes ocorrida em dezembro de 2021; traz em sua formulação cinco eixos (Gestão, Assistência Farmacêutica, Vigilância em Saúde, Atenção Básica e Atenção Especializada) e 210 metas, representando as intenções do setor Saúde em dar resposta aos principais anseios da população quanto ao atendimento de suas necessidades, bem como na promoção de melhorias na atenção, gestão e participação social com o objetivo de oferecer uma saúde cada vez mais humanizada e resolutiva para população jaboatonense.

O insucesso na etapa de implementação de uma política pública é um grave problema que acarreta prejuízos para a população, entre eles a frustração de uma necessidade pública que deveria ser suprida. Essa necessidade é caracterizada quando os problemas são identificados e priorizados na agenda de políticas do governo, mediante o planejamento e a apresentação das possíveis soluções na formulação da política, com a devida tomada de decisão de implementação e a definição de caminhos, ações e metas a serem atingidas.

A etapa da "implementação" da política pública, que envolve execução de processos administrativos, execução de recursos públicos, compras e contratações de terceiros, alocação de pessoal e de tecnologias, é a etapa em que se coloca em prática todo o tecnicismo da máquina administrativa e burocrática, envolvendo uma complexa habilidade de condução da engrenagem da gestão pública.

É bastante comum que haja várias necessidades de compras e contratações de objetos distintos para a devida implementação de uma determinada política pública. Para isso, é necessária a realização da conexão dos processos e do processamento numa perspectiva sistêmica, para que se atinjam os objetivos e as metas definidas, o que requer um forte mecanismo de governança em todas as etapas dos processos de contratações, ou seja, no planejamento, na seleção do fornecedor e na execução contratual.

Como exemplo prático dessa necessidade complexa de realizar compras e contratações de terceiros de forma eficiente, conexa e integrada, demandando uma governança sistêmica dos processos para a devida implementação de uma política pública, cita-se o caso da política pública, desenvolvida no estado de Pernambuco, que se pretende investigar:

- Política pública de expansão da Rede Municipal de Saúde de Jaboatão dos Guararapes nos anos de 2022 a 2024, que demandou o processamento sistêmico de 28 processos de contratação pública, para aquisição de medicamento e material médico-hospitalar. No ano de 2022, 6 licitações para aquisição de medicamentos diversos, no valor total de R$16.295.612,00, e 3 licitações para aquisição de materiais médico-hospitalares, no valor de R$11.572.391. Já no ano de 2023, foram realizadas 3 licitações para aquisição de medicamentos diversos no valor total de R$21.927.533,00. E no ano de 2024, 7 licitações para aquisição de medicamentos diversos, no valor total de R$27.962.952,28, e 9 licitações para aquisição de materiais médico-hospitalares, no valor de R$18.439.931,05, totalizando o valor R$46.402.883,00.

Ao longo de várias décadas, persistem os mesmos problemas relacionados à falta de medicamentos, ausência de material médico hospitalar, alto custo na manutenção de unidades de saúde, levando os gestores a buscar soluções que, porventura, ultrapassem as barreiras constatadas ao longo desses poucos mais de 30 anos de existência do SUS.

Segundo o relatório sistêmico de fiscalização da saúde, lançado pelo TCU no ano de 2014, através do TC nº 032.624/2013-1 (Acórdão nº 693/2014 – Plenário, Sessão de 26 de março de 2014, relator ministro Benjamin Zymler), no tópico referente à avaliação dos hospitais visitados quanto à frequência com que ocorrem restrições na realização de procedimentos em função da falta de medicamentos e insumos, concluiu-se que

> (...)
> a ampla cadeia de agentes e procedimentos envolvidos na gestão de medicamentos e insumos expõe o processo a uma gama de eventos de riscos, que vão desde a intempestiva identificação dos baixos volumes de estoques até a perda de validade por falhas de distribuição desses materiais e fármacos às unidades hospitalares.

Demonstrando-se a gravidade do excesso de formalidades das licitações e seu impacto na saúde é que, de acordo com o relatório, gestores de 25 dos 116 hospitais visitados responderam que a falta de medicamentos e insumos se restringia à realização de procedimentos ou cirurgias em suas unidades.

Outrossim, de acordo com a análise exercida nos processos licitatórios celebrados na modalidade pregão eletrônico publicados pelo município de Jaboatão dos Guararapes no Portal Nacional de Contratações Públicas no ano de 2024, após levantamento e análise dos pregões eletrônicos para aquisição de medicamentos e material médico-hospitalar, a pesquisa concluiu: "Dos 550 itens licitados, 330 itens (60,00%) tiveram insucesso no processo de aquisição, e apenas 220 itens (40%) obtiveram êxito na contratação".

Nesse sentido, com o fracasso na compra dos medicamentos, o certame é repetido, o que acarreta desabastecimento dos estoques nos setores hospitalares, além de maior custo e tempo despendido por parte da Administração Pública, o que repisa a ineficácia da legislação vigente para a saúde.

Diante das peculiaridades e dinâmicas inerentes à gestão da saúde pública no Brasil, o procedimento licitatório em vigor se demonstra insuficiente.

As formalidades, atualmente, previstas pelo legislador na Lei nº 14.133/2021, apesar de "satisfazerem o processo de contratação pública" sob prisma dos "steps" de controle, não se apresentam como solução viável ao desenvolvimento das políticas públicas de saúde, pois, ao fim, esvazia-se o sentido das regras, ora em vigor, ao perceber-se que as hipóteses de exceção previstas no sistema se demonstram mais eficazes e implementáveis para o cumprimento do objetivo-fim do sistema de saúde: salvar vidas.

5.3.3 A superação da modelagem de contratação por meio do pregão eletrônico para aquisições no âmbito do SUS

A realização de contratos pela Administração Pública exige, em regra, a obediência ao certame licitatório (princípio da obrigatoriedade). Contudo, há exceções a essa obrigatoriedade que encontram fundamento no próprio texto constitucional, uma vez que o inc. XXI do art. 37 da Constituição Federal, ao estabelecer a obrigatoriedade do procedimento de licitação para os contratos feitos pela Administração, já inicia seu texto com a ressalva aos casos especificados na legislação:

> (...)
> XXI - Ressalvados os casos especificados na legislação, as obras, serviços, compras e alienações serão contratados mediante processo de licitação pública que assegure igualdade de condições a todos os concorrentes, com cláusulas que estabeleçam obrigações de pagamento, mantidas as condições efetivas da proposta, nos termos da lei, o qual somente permitirá as exigências de qualificação técnica e econômica indispensáveis à garantia do cumprimento das obrigações.[168]

Importante frisar que o princípio da obrigatoriedade (de licitar) se manifesta sobre duas perspectivas, a burocrática e a democrática.

---

[168] BRASIL. [Constituição (1988)]. *Constituição da República Federativa do Brasil de 1988*. Brasília, DF: Presidência da República, 1988. Disponível em: http://www.planalto.gov.br/ccivil_03/constituicao/constituicaocompilado.htm. Acesso em: 21 nov. 2024.

Pela perspectiva burocrática, o princípio da obrigatoriedade estabelece ao poder público o compromisso de realizar licitações para contratar obras, serviços, compras e alienações, ressalvadas as hipóteses admitidas pela legislação (contratação direta).

Pela perspectiva democrática, o princípio da obrigatoriedade impõe que seja protegido o direito dos particulares de, consagrada a isonomia, ter resguardada a possibilidade de participação na seleção necessária ao atendimento daquela pretensão contratual da Administração Pública, de acordo com as condições e exceções previstas pela legislação.

O próprio constituinte admite ressalva ao princípio da obrigatoriedade, nas hipóteses especificadas pela legislação. Importante frisar que essa condição para admitir-se a ressalva (previsão legal), não se restringe à obrigatoriedade, sob sua perspectiva burocrática. As ressalvas à obrigatoriedade, em sua perspectiva democrática, também exigem fundamento legal.

Desde o Decreto-Lei nº 2.300/1986, posteriormente seguido pelas Lei nº 8.666/1993 e Lei nº 14.133/2021, a legislação brasileira vem estabelecendo ritos procedimentais repletos de controles para a seleção do fornecedor apto ao atendimento da pretensão contratual,[169] sem qualquer preocupação com os custos transacionais advindos de tais procedimentos e a baixa eficiência e disfuncionalidade de tais exigências. O resultado fático é que os "processos adjudicatórios brasileiros tendem a gerar custos de transação extraordinários e a inibir a competição".[170]

Mesmo no campo doutrinário houve pouco debate sobre as evidentes disfuncionalidades do regime licitatório tradicional, pois, poucas vezes, aprofundou-se numa análise econômica que tentasse "explicar, prever e entender o comportamento dos atores envolvidos nos processos de contratação pública".[171]

Com as recentes mudanças tecnológicas e mercadológicas, a defasagem do formato tradicional de licitação e contratação, com seu

---

[169] NÓBREGA, Marcos; TORRES, Ronny Charles Lopes de. A Nova Lei de Licitações, credenciamento e *e-marketplace*: o *turning point* da inovação nas compras públicas. *O Licitante*, [S. l.], 2020. Disponível em: https://www.olicitante.com.br/e-marketplace-turning-point- inovacao-compras-publicas. Acesso em: 13 jun. 2023.
[170] TORRES, Ronny Charles Lopes. O princípio da obrigatoriedade de licitar em suas perspectivas burocrática e democrática. *Jus Navigandi*, Teresina, ano 22, n. 4.976, 14 fev. 2017. Disponível em: https://jus.com.br/artigos/39860. Acesso em: 11 jun. 2023.
[171] *Idem*, 2021, p. 47.

caráter nitidamente analítico, burocrático e detalhista, ficou, cada vez mais, patente. Essa situação se agigantou com as dificuldades vivenciadas no ano de 2020, pelo enfrentamento à pandemia decorrente do coronavírus. A necessidade de contratações eficientes e céleres, diante de um momento de turbulência no mercado, ampliou as evidências das disfuncionalidades do sistema de compras governamentais brasileiro.[172]

A pandemia de Covid-19 provocou uma inflação alta e generalizada nos hospitais gerais do SUS pelo Brasil, com aumentos de até 528% nos preços de materiais médico-hospitalares e 410% no de medicamentos usados para tratar os doentes. A conclusão é de uma pesquisa inédita liderada pelo Ibross e realizada em parceria com a GO Associados. O Ibross representa 21 organizações sociais que mantêm contratos de gestão com estados e municípios brasileiros.[173]

Em recente pesquisa, realizada pela Secretaria de Administração do município de Jaboatão, restou constatado que de um total de 17 processos licitatórios, tendo sido adotado como modalidade o pregão eletrônico, dos 550 itens licitados, 330 (60%) restaram desertos e fracassados o processo de aquisição, e apenas 220 itens (40%) obtiveram êxito na contratação.[174]

Os referidos números atestam a exorbitante oscilação existente no mercado dos insumos de saúde, o que tem acarretado uma disfuncionalidade na utilização dos procedimentos ordinários para seleção dos eventuais interessados em contratualizar com a Administração Pública.

5.3.4 O uso do credenciamento como medida disruptiva para implementação de um *e-marketplace* governamental no município de Jaboatão

Historicamente, o credenciamento vem sendo utilizado para instrumentalizar contratações por inexigibilidade. A Nova Lei não fez essa vinculação explícita, ao apresentar a definição legal para o

---

[172] NÓBREGA, Marcos; JURUBEBA, Diego Franco de Araújo. Assimetrias de informação na Nova Lei de Licitação e o problema da seleção adversa. *Revista Brasileira de Direito Público – RBDP*, Belo Horizonte, ano 18, n. 69, p. 9-32, abr./jun. 2020.

[173] *Ibidem.*

[174] Disponível em: https://pncp.gov.br/app/editais/10377679000196/2024/159. Acesso em: 21 nov. 2024.

credenciamento, mas parece indicar que ele precederá uma contratação direta, ao estabelecer uma contratação direta.[175]

Conforme definição presente no art. 79 da Lei nº 14.133/2021, o credenciamento pode ser definido como um processo administrativo de chamamento público, em que a Administração Pública convoca interessados em prestar serviços ou fornecer bens para que, preenchidos os requisitos necessários, credenciem-se no órgão responsável pelo desenvolvimento da política pública, para posteriormente, quando convocado, executar o objeto determinado no instrumento.

O arcabouço legal instituído pela Lei nº 14.133/2021, em relação ao credenciamento, permitiu grandes avanços, ampliando, inclusive, as formas de utilização do referido procedimento auxiliar. Se, antes, a adoção do credenciamento estava adstrita à potencial contratação de todos os prestadores aptos e interessados em realizar determinado serviço, quando o interesse público foi mais bem atendido com a contratação do maior número possível de prestadores simultâneos, atualmente, a Nova Lei de Licitações e Contratos admite o credenciamento não apenas para ulterior contratação de serviços, mas também para fornecimento de bens (aquisições).[176]

De qualquer forma, deve o fornecimento ou serviço adequar-se às hipóteses de contratações descritas no art. 78. Nesse sentido, restou instituída pelo legislador a possibilidade de utilização do procedimento auxiliar de credenciamento para atendimento de pretensões contratuais relacionadas a "mercados fluidos", nos quais, cotidianamente, faz-se presente uma oscilação exponencial nos valores praticados pelo mercado, tornando inviável a utilização do procedimento licitatório como forma de selecionar a proposta mais vantajosa para a Administração.

A referida hipótese foi recebida com bastante entusiasmo pela doutrina, tendo em vista que rompe com a premissa outrora estabelecida pela doutrina e jurisprudência, de que a Administração deveria definir os preços de contratação dos credenciados a serem contratados.

---

[175] RIBEIRO, Juliana Almeida. Inexigibilidade de licitação e o credenciamento de serviços. *Jus Navigandi*, Teresina, ano 16, n. 2.809, 11 mar. 2011. Disponível em: https://jus.com.br/artigos/18683. Acesso em: 13 jun. 2023.

[176] NÓBREGA, Marcos; TORRES, Ronny Charles Lopes de. A Nova Lei de Licitações, credenciamento e *e-marketplace*: o *turning point* da inovação nas compras públicas. *O Licitante*, [S. l.], 2020. Disponível em: https://www.olicitante.com.br/e-marketplace-turning-point- inovacao-compras-publicas. Acesso em: 13 jun. 2023.

5.3.5 A fluidez do mercado de insumos de saúde e o impacto nas contratações públicas

O conceito de mercados fluidos ganhou relevância na literatura econômica como uma descrição de mercados dinâmicos, caracterizado pela rápida oscilação de preços, alta volatilidade na oferta e demanda, e pela presença de variações externas que moldam constantemente o equilíbrio do mercado. Essa fluidez é particularmente evidente no setor de saúde, em que a oferta de insumos, como medicamentos e materiais médico-hospitalares, é afetada por fatores globais, como mudanças regulatórias, flutuações cambiais e crises de produção.

Em mercados fluidos, a interação entre oferta e demanda é particularmente sensível a variações externas, como choques econômicos, avanços tecnológicos ou desastres naturais. Kenneth Arrow, em seu artigo seminal "Uncertainty and the Welfare Economics of Medical Care". Além disso, Ronald Coase, ao abordar os custos de transação em "The Problem of Social Cost", demonstra que a necessidade constante de ajuste dos preços dinâmicos, aumenta os custos de renegociação e de monitoramento.[177] Isso cria barreiras significativas para alcançar a eficiência, pois os atores envolvidos frequentemente enfrentam assimetrias de informações e incertezas sobre o valor real dos bens e das condições de contratação.[178]

O mercado de medicamentos e materiais médico-hospitalares é altamente influenciado por fatores externos, como oscilações cambiais, crises de abastecimento globais e mudanças regulatórias. Esses aspectos tornam os preços imprevisíveis e dificultam a definição de valores fixos em editais licitatórios.

Nas lições de Marcos Nóbrega, mercados fluidos exigem modelos de contratação que permitam à Administração Pública se adaptar rapidamente às mudanças, minimizando os riscos de fracasso ou desabastecimento. O credenciamento oferece essa flexibilidade ao viabilizar contratos dinâmicos em função das condições de mercado.

---

[177] ARROW, Kenneth J. Uncertainty and the Welfare Economics of Medical Care. *The American Economic Review*, [S. l.], v. 53, n. 5, p. 941-973, Dec. 1963.

[178] COASE, Ronald H. The Problem of Social Cost. *The Journal of Law and Economics*, [S. l.], v. 3, p.1-44, out. 1960.

5.3.5 O credenciamento como ferramenta para criação do *e-marketplace* governamental

A implementação de um mercado público fundamentado no credenciamento tem o potencial de transformar o modelo de aquisição no município de Jaboatão dos Guararapes. Essa plataforma funcionaria como um ambiente virtual em que fornecedores credenciados podem oferecer medicamentos e materiais médico-hospitalares em tempo real, permitindo à Administração Pública adquirir os itens necessários com maior celeridade e eficiência.

Os benefícios de um mercado público para o setor de saúde incluem:
- Maior eficiência nas aquisições: redução dos prazos para compra de itens essenciais;
- Celeridade e flexibilidade: ajuste imediato às oscilações de mercado;
- Aumento da competitividade: inclusão de fornecedores regionais e nacionais;
- Transparência: registro detalhado de todas as transações.

No entanto, a implementação desse modelo também enfrenta desafios, como a necessidade de regulamentação clara, investimentos em tecnologia e capacitação dos agentes públicos envolvidos.

No âmbito do município de Jaboatão dos Guararapes, para implementação do modelo credenciamento instrumentalizador do *e-marketplace* público, restou criada uma plataforma eletrônica, garantindo a total transparência, integridade, eficiência e governança dos dados alimentados na plataforma, evitando qualquer tipo de manipulação ou riscos de direcionamento nas aquisições.

Restou realizada audiência pública para dialogar com o mercado de fornecedores desses insumos de saúde, os quais diagnosticaram as dificuldades da manutenção dos preços e condições de contratações pelo prazo ordinário estabelecido nos processos de contratação pública que se utilizam da modalidade pregão, ocasionando por consequência a grande quantidade de processos desertos e fracassados conforme narrado nos números apresentados anteriormente.

5.3.6 Considerações finais do credenciamento no município de Jaboatão dos Guararapes

O credenciamento, como procedimento auxiliar previsto na Lei nº 14.133/2021, configura-se como uma estratégia altamente eficiente e inovadora para a modernização das aquisições públicas no âmbito do SUS, especialmente no município de Jaboatão dos Guararapes. Sua utilização para a implementação para instrumentalizar a criação de *e-marketplace* público oferece uma solução ágil, transparente e sustentável para a gestão de aquisições de medicamentos e materiais médico-hospitalares, enfrentando com eficácia os desafios impostos ao setor de saúde em virtude da fluidez do mercado, como também pela escassez de diversos insumos inerentes à fabricação dos medicamentos e material médico-hospitalar.

Por meio do credenciamento, é possível garantir um fluxo contínuo e competitivo de fornecedores, permitindo o acesso a preços mais vantajosos e reduzindo significativamente os custos de transação. Além disso, a centralização das informações em uma plataforma digital fortalece a transparência e facilita o monitoramento dos processos, garantindo maior governança e conformidade na execução das políticas públicas.

No entanto, para implementação da referida modelagem, faz-se imprescindível a criação de um sistema eletrônico, o qual garanta a transparência, a integridade e a isonomia entre os interessados na participação, como também a criação de um grupo de trabalho específico para estabelecer um diálogo com o mercado de fornecedores de saúde, para tratar da nova modelagem de contratação.

Dessa forma, o procedimento auxiliar do credenciamento se mostrou com potencial viabilidade para a criação de um ambiente de *e-commerce* governamental para aquisições de medicamentos e material médico-hospitalar, trazendo as soluções necessárias para as demandas não efetivadas pelos processos de compras e contratações processadas por meio do Pregão, inclusive, dentro da perspectiva que apontou-se, de que a aquisição de medicamentos e materiais médico-hospitalares se adequam ao conceito de "mercado fluido" trazido pelo inc. III do art. 79 da Lei nº 14.133/2021.

Podemos concluir que o credenciamento assumi um importante papel de disrupção no modelo ordinário de contratações de bens e serviços para o SUS, gerando a contratação direta por inexigibilidade de licitação dos fornecedores credenciados, se tornando plenamente viável e eficiente em virtude das seguintes variáveis:

a) Respeita o mandamento constitucional do art. 37, XXI, quanto ao dever de licitar, tendo em vista que é um "caso ressalvado em lei" e obedece aos pressupostos da seleção pública "democrática" e "burocrática";

b) Resguarda os objetivos gerais da contratação pública da seleção da proposta apta a gerar o resultado mais vantajosos para a Administração, dentro de uma perspectiva de isonomia entre os participantes, com o aditivo final de evitar contratações inexequíveis ou com sobrepreço;
c) Evita contratações diretas com fundamento na urgência e emergência, haja vista sua amplitude de fornecedores credenciados aptos a atender as necessidades da população;
d) Mitiga em diversos aspectos, o problema da seleção adversa, ocasionada pelo modelo da contratação ordinário através da modalidade pregão, que tem sido palco de disputas irracionais, proporcionando um ambiente de insegurança e ineficiência no desenvolvimento das políticas públicas no âmbito do SUS.

ASPECTOS ÉTICOS E DE TRANSPARÊNCIA

6.1 Princípios de transparência e controle social

Os princípios de transparência e controle social são fundamentais para a utilização de um *marketplace* público na Administração Pública, assegurando que as compras e as contratações realizadas por meio dessas plataformas sejam feitas de forma ética, acessível e em conformidade com a legislação vigente.

A transparência é um dos pilares essenciais em qualquer processo de contratação pública, e no contexto de um *marketplace* público, ela se refere à clareza com que as informações sobre as aquisições são disponibilizadas para o público em geral. As plataformas de compras públicas eletrônicas devem garantir:

- Acesso público a informações sobre os processos de compra: Todos os detalhes das licitações, contratações e aquisições, como critérios de seleção, preços, fornecedores, contratos firmados e justificativas, devem estar disponíveis ao público em um formato acessível e compreensível.
- Visibilidade das etapas da contratação: A plataforma deve permitir que tanto os cidadãos quanto os órgãos de controle acompanhem todas as fases de um processo de contratação, desde a publicação do edital até a execução e pagamento, promovendo a auditabilidade das transações.
- Relatórios de desempenho: O *marketplace* público deve ser capaz de gerar relatórios periódicos sobre as compras realizadas, permitindo que os gestores e o público acompanhem a eficiência e a economicidade das aquisições.

Já o controle social diz respeito à participação da sociedade na fiscalização das ações governamentais. No contexto do *marketplace* público, isso pode ser promovido por meio de:

- Acesso fácil a dados abertos: A plataforma permite que cidadãos, organizações não governamentais (ONGs) e outros grupos da sociedade civil realizem fiscalização independentemente das atividades governamentais, ao disponibilizar os dados das transações e aquisições em formatos abertos (*open data*).
- Mecanismos de denúncia e acompanhamento: A plataforma deve incluir funcionalidades que permitam ao público denunciar irregularidades ou possíveis fraudes nos processos de contratação. Além disso, canais para acompanhar o resultado de auditorias e investigações também são fundamentais.
- Participação cidadã nas consultas públicas: O *marketplace* público deve ser uma plataforma interativa, que permita a participação de cidadãos em consultas públicas sobre contratações, principalmente em setores sensíveis, como saúde e educação.

O uso de *marketplace* público, fundamentado nos princípios de transparência e controle social, representa um avanço significativo na modernização das compras públicas. A tecnologia permite que o governo seja mais eficiente e que a sociedade acompanhe e participe ativamente da gestão dos recursos públicos, assegurando o cumprimento dos princípios constitucionais e o fortalecimento da democracia participativa.

6.2 Mecanismos de prevenção à fraude e corrupção

Cumpre reconhecer que a área de licitações e contratos é uma das mais expostas à prática de atos ilícitos,[179] por isso é importante adotar e reforçar políticas, ações e controles para reduzir a incidência de riscos de fraudes e corrupção.

No caso dos órgãos e entidades públicas, como se sabe, as contratações devem observar os princípios da isonomia e imparcialidade, por meio de critérios técnicos, de forma a garantir que a contratação

---

[179] Franklin Brasil e Kleber Souza registram, no livro *Como combater a corrupção em licitação: detecção e prevenção de fraudes* (4. ed. Belo Horizonte: Fórum, 2024. p. 22), levantamento da Association of Certified Fraud Examiners (ACFE) apontando que os esquemas de corrupção são um risco elevado para todos os departamentos, mas são um risco particularmente elevado na área de compras (74% dos casos).

recaia sobre empresas idôneas e que reúnam as condições necessárias para o melhor desempenho das atividades demandadas. Vê-se, por conseguinte, que há a necessidade de se implementarem ações específicas para essa área, com suporte em mecanismos e estruturas de integridade, o que ressoará na relação com as empresas privadas.

A questão de fundo é que temos graves falhas e fragilidades nas contratações públicas que decorrem da ausência de planejamento, pesquisas de preços mal elaboradas, editais restritivos, publicidade precária, contratação direta indevida, falta de fiscalização de contratos e precariedade dos controles, que permitem a ocorrência de práticas de ilícitos, suborno ou fraude contratual.

Para combater essa prática das fraudes, conluio e corrupção é recomendada adoção do plano de contratação anual (PCA), central de compras, fluxos administrativos, metodologia de *checklist*, minutas padronizadas,[180] regulamento de pesquisa de preços,[181] manual de gestão e fiscalização de contratos.[182] Essas informações deverão ser disseminadas na organização para fortalecer as orientações a serem observadas e evitar práticas de irregularidades.

Não teremos êxito, contudo, se alinhado a essas medidas não concebermos a ampla divulgação dos chamamentos, acompanhamento e supervisão do contrato e capacitação constantes. Por isso, não à toa, fazem-se necessárias ações para o aprimoramento da gestão das contratações, mas também da governança com a implantação dos programas e políticas vocacionados às contratações.

Políticas de integridade das contratações regulamentando a interação com o mercado, conflito de interesses é medida premente e inadiável.

---

[180] A padronização de editais, contratos e fluxos é um importante instrumento para afastar o direcionamento das licitações, por meio de construção de editais com intuito de favorecer determinado licitante. Aliás, o Projeto de Lei nº 1.292/1995 da Nova Lei de Licitações estabelece no art.19, inc. IV, que "os órgãos da Administração com competências regulamentares relativas às atividades de administração de materiais, de obras e serviços e de licitações e contratos deverão instituir, com auxílio dos órgãos de assessoramento jurídico e de controle interno, modelos de minutas de editais, de termos de referência, de contratos padronizados e de outros, admitida a adoção das minutas do Poder Executivo federal por todos os entes federativos.

[181] Instrução Normativa nº 5, de 27 de junho de 2014, alterada pela Instrução Normativa nº 3, de 20 de abril de 2017: "Dispõe sobre o procedimento administrativo para a realização de pesquisa de preços para a aquisição de bens e contratação de serviços em geral no âmbito dos órgãos e entidades integrantes do Sistema de Serviços Gerais (SISG)".

[182] Boa prática (Disponível em: https://ww2.stj.jus.br/publicacaoinstitucional/index.php/gestaocontratos/article/view/184/154. Acesso em: 20 set. 2024).

Além disso, é imprescindível que a organização conheça e interprete bem os riscos aos quais se sujeita nessa área tão vulnerável e promova o seu mapeamento e mensuração, pois, a partir daí, poderá definir os processos de prevenção, mitigação e controle dos riscos.[183]

Consoante entendimento da CGU,[184] o risco de integridade é o evento relacionado a corrupção, fraudes, irregularidades e/ou desvios éticos e de condutas, que possa comprometer os valores e padrões preconizados pela Instituição e a realização de seus objetivos.

Para o mapeamento dos riscos prioritários, revela-se necessário fazer um diagnóstico por meio do qual serão levantados os fluxos das contratações, as normas internas e externas a que a organização está sujeita, os riscos diagnosticados e se são monitorados.

A despeito do atendimento legal de implantação da gestão de riscos, há que se manter o seu monitoramento contínuo, para proteger os órgãos e entidades públicas de atos lesivos que resultem em prejuízos financeiros causados por irregularidade, desvios de ética e de conduta e fraudes contratuais.

Outro mecanismo importante para evitar fraudes e corrupção é a implementação da política de relacionamento com o mercado, que traz as diretrizes e normas internas que orientam a atuação de todos os servidores, independente de cargo ou funções exercidas, e contratados,[185] provendo maior segurança para aqueles que atuam nas contratações públicas.

> Infelizmente, abrem-se parêntese para alvitrar que os ajustes dependem de serres humanos e aí reside a possibilidade de ocorrerem desvios de conduta na aproximação existente entre agentes do contratante e do mercado antes da celebração ajustes em geral para a discussão de modelos contratuais, prazos, condições habituais, soluções existentes no mercado, dentre outros pontos, razão pela qual se deve trabalhar sempre, seja do lado da administração contratante ou de terceiros pretensos contratados, com a implantação de matrizes de risco institucionais e específicos do setor de contratação.[186]

---

[183] Citamos, como boa prática, o mapa de riscos do TRF 2ª Região (Disponível em: https://www10.trf2.jus.br/ai/wp-content/uploads/sites/3/2017/05/mapa-de-riscos-das-contratacoes-2017.pdf. Acesso em: 20 set. 2024).

[184] Disponível em: https://www.cgu.gov.br/sobre/governanca/programa-de-integridade-da-cgu/eixo-3-riscos-de-integridade. Acesso em: 20 set. 2024.

[185] O TCU, por meio do Processo nº 031.604/2016-1, reconhece que as organizações necessitam de implementar uma infraestrutura de gestão da ética, sendo um dos elementos mais importantes o código de conduta, que deve ser internalizado e monitorado sua aplicação.

[186] REIS, 2022, p. 149.

Se a área demandante não tiver conhecimento pleno de todas as informações necessárias para especificação precisa do objeto, pode realizar reuniões com as empresas. Para isso, poderá realizar audiência ou consulta pública, por meio de convite amplamente divulgado no prazo de oito dias úteis no *site* oficial do órgão.[187] No caso de sessões e audiências presenciais, a política de interação com o mercado deve prever que é possível a tomada de imagem e áudio para dar maior transparência.

Recomenda-se, ainda, que a política de integridade da contratação estabeleça protocolos para as reuniões com as empresas contratadas, prevendo que a marcação será feita por meio de agenda oficial e que o representante da área interessada esteja, obrigatoriamente, acompanhado por outro servidor. Afora isso, as reuniões deverão ter suas deliberações registradas em ata, que deve ser assinada por todos os presentes.

Soma-se a essas medidas a necessidade de recomendar que as comunicações entre servidor e contratada deverão ocorrer por meio de *e-mail* comercial. Não é recomendado que seja feito por telefone, já que não há prova do registro – *verba volant, scripta manent*.

A escolha da contratada deve estar alicerçada nos princípios da isonomia e impessoalidade, de sorte que deve ser feita por meio de critérios objetivos previstos na lei depurando todas as propostas para alcance daquela mais vantajosa e sustentável. E mais, deve ser verificada a qualificação da empresa para segurança do negócio.

A segregação de funções deverá ser observada para dar maior transparência e fomentar o controle.[188] [189]

---

[187] Art. 21 da Lei nº 14.133/2021 (BRASIL. Lei nº 14.133, de 1º de abril de 2021. Lei de Licitações e Contratos Administrativos. *Diário Oficial da União*: Brasília, DF, 2021. Disponível em: https://planalto.gov.br/ccivil_03/_ato2019-2022/2021/lei/l14133.htm. Acesso em: 21 nov. 2024).

[188] Art. 7º, §1º, da Lei nº 14.133/2021 (BRASIL. Lei nº 14.133, de 1º de abril de 2021. Lei de Licitações e Contratos Administrativos. *Diário Oficial da União*: Brasília, DF, 2021. Disponível em: https://planalto.gov.br/ccivil_03/_ato2019-2022/2021/lei/l14133.htm. Acesso em: 21 nov. 2024).

[189] Instrução Normativa nº 1/2001 – SFC, Seção VIII, item 3, IV:
"(...)
segregação de funções – a estrutura das unidades/entidades deve prever a separação entre as funções de autorização/aprovação de operações, execução, controle e contabilização, de tal forma que nenhuma pessoa detenha competências e atribuições em desacordo com este princípio".

Há que se prever, ainda, política de conflito de interesse,[190][191] para evitar decisões que atendam a interesses privados no lugar dos públicos, de modo que o servidor do órgão ou a entidade pública contratante ou responsável pela licitação não poderá prestar serviço nas empresas contratadas ou realizar atividades que possam, mesmo que eventualmente, conflitar com os interesses dos órgãos e entidades públicas.

É importante deixar assentado que a Lei nº 14.133/2021 veda, no art. 14, inc. IV, a participação, como licitantes dos órgãos, aquele que mantiver vínculo de natureza técnica comercial, econômica, financeira, trabalhista, ou civil com dirigente do órgão ou entidade contratante ou com agente público que desempenhe função na licitação ou atue na fiscalização ou na gestão do contrato, ou que deles seja cônjuge, companheiro ou parente em linha reta, colateral ou por afinidade, até o terceiro grau, devendo essa proibição constar expressamente do edital de licitação.

Essa medida tem suas raízes no princípio da moralidade e evita que o servidor se utilize de sua situação privilegiada de acesso às informações estratégicas do negócio, para direcionar a licitação em seu favor ou da empresa que está atrelado.

Em boa medida, é recomendado que o contrato administrativo a ser firmado com a contratada, que é parte integrante do edital, contemple cláusula com a obrigatoriedade da contratada conhecer e cumprir às políticas de conduta e normas de integridade do órgão ou entidade pública, sob pena de responsabilização dos seus funcionários pela prática de qualquer ato ilícito que violem as regras.

Outro mecanismo essencial para o ambiente ético nas organizações é o monitoramento contínuo das contratações para garantir sua execução em conformidade com a lei e vasto conjunto normativo pertinente a cada atividade contratada, atenuando os riscos e práticas de fraudes e corrupção.

O monitoramento das contratações contempla a supervisão das políticas de conduta e operacionalização da área de licitação e envolve as seguintes atividades, em especial: análise periódica de riscos; controles internos; procedimentos específicos para prevenir fraudes e

---

[190] Art. 9º, §1º, da Lei nº 14.133/2021 (BRASIL. Lei nº 14.133, de 1º de abril de 2021. Lei de Licitações e Contratos Administrativos. Diário Oficial da União: Brasília, DF, 2021. Disponível em: https://planalto.gov.br/ccivil_03/_ato2019-2022/2021/lei/l14133.htm. Acesso em: 21 nov. 2024).

[191] De acordo com a Norma de Certificação de Sistemas de Gestão de *Compliance* Antissuborno (NBR) ISO nº 37001:2016, item 3.29, conflito de interesse é a "situação em que interesses do negócio, financeiros, familiares, políticos ou pessoais possam interferir no julgamento das pessoas exercendo suas funções para a organização".

ilícitos no âmbito de processos licitatórios; medidas disciplinares em caso de violação das regras de conduta; diligências apropriadas para contratação e, conforme o caso, supervisão, de terceiros, tais como fornecedores, prestadores de serviço, agentes intermediários e associados.

Os responsáveis pela licitação devem, ainda, verificar se a empresa está inscrita no Cadastro de Empresas Punidas (CNEP), que consta informações relativas aos acordos de leniência e às sanções aplicadas com base na Lei nº 12.846/2013 dos órgãos e entidades dos Poderes Executivo, Legislativo e Judiciário de todas as esferas de governo. Esse cadastro é gerido pela Corregedoria-Geral da União (CRG) e as informações constantes na base de dados do CNEP são divulgadas no Portal da Transparência do governo federal.[192]

É importante, além disto, consultar o Cadastro Nacional de Empresas Inidôneas e Suspensas (CEIS) da Controladoria Geral da União, disponível no Portal da Transparência,[193] com a finalidade de verificar se a empresa foi declarada inidônea pela Administração Pública e evitar que seja estabelecido negócio com a empresa sancionada.

Daí ser imperioso que seja inserido no edital cláusula prevendo a necessidade de verificar, durante a fase de habilitação das empresas, se há registros impeditivos da contratação no CEIS, além da pesquisa a ser realizada no módulo SICAF do sistema SIASG, para avaliar a situação real das empresas, inclusive quanto às suas respectivas matrizes e filiais, a partir do número raiz do CNPJ informado, com vistas a garantir a sua efetividade quanto às sanções administrativas aplicadas à pessoa jurídica da empresa, englobando todos os seus demais estabelecimentos.

É recomendado que esse monitoramento seja contínuo durante a execução do contrato, com indicadores de *compliance* como fatores críticos para participação em novos processos licitatórios.

É salutar, também, que a indicação de servidores que irão conduzir a licitação seja centrada na ética e feita a avaliação detida do seu comportamento passado (*background check*). E, nesse contexto, sugere-se definir critérios e pré-requisitos para o recrutamento.

Não é indicado, por exemplo, que sejam membros da comissão servidores que tenham perfil ético pautado por condenação em processo administrativo disciplinar, ação de improbidade ou estejam sendo acusados pela prática de algum ato ilícito ou antiético.

---

[192] Disponível em: www.portaldatransparencia.gov.br. Acesso em: 21 nov. 2024.
[193] Disponível em: www.portaldatransparencia.gov.br. Acesso em: 21 nov. 2024.

Não podemos deixar de apontar que as escolhas dos servidores deverão ocorrer por meio de processo transparente de gestão de competências, em que se busque selecionar que tenha conhecimento, habilidades e atitudes. Com relação a essa dinâmica, sugerimos o modelo de descrição de competências para área de aquisições produzido pelo CNJ.[194]

Enfim, as ações de integridade nas contratações públicas é uma necessidade e tem o propósito de assegurar negociações público/privadas pautadas na ética, boa-fé, isonomia e moralidade. Com a implantação dos mecanismos de gestão de risco, políticas de integridade das contratações, treinamento permanente, monitoramento contínuo passa a se ter um forte instrumento de fomento de eticidade negocial.

6.3 Auditorias, indicadores/resultados e avaliações de desempenho

6.3.1 Auditoria

A auditoria desempenha um papel crucial para garantir a conformidade legal, a eficiência e a integridade das compras governamentais. Em um ambiente de *e-procurement*, onde transações eletrônicas ocorrem de forma contínua e em larga escala, o processo de auditoria é fundamental para verificar a correção dos procedimentos adotados, a conformidade com a legislação vigente e o uso responsável dos recursos públicos.

A auditoria visa assegurar que os processos de compra e contratação realizados no *marketplace* público cumpram as normas legais, promovam a transparência e integridade, evitem fraudes e irregularidades e garantam a eficiência no uso dos recursos públicos.

Embora as auditorias tragam grandes benefícios, existem alguns desafios, quais sejam:
- Complexidade técnica: A auditoria em plataformas digitais de *marketplace* exige conhecimento técnico aprofundado em tecnologias de informação, como sistemas integrados de gestão, big data e cibersegurança.
- Volume de transações: O grande volume de compras realizadas em um *marketplace* pode dificultar a revisão minuciosa de

---

[194] Disponível em: http://www.cnj.jus.br/files/conteudo/arquivo/2018/06/0ad2ab247d7040c40e2cc65e0dc5e9f4.pdf. Acesso em: 21 nov. 2024.

cada transação. Ferramentas de análise de dados e inteligência artificial podem ajudar a identificar transações que requerem maior atenção.

- Resistência organizacional: Algumas instituições podem apresentar resistência à implementação de processos rigorosos de auditoria, seja por desconhecimento ou receio de identificar problemas estruturais.

6.3.2 Indicadores/resultados

A governança é integrada pelos mecanismos de liderança, estratégia e controle, que são interligados e colocados em prática para avaliar, direcionar e monitorar a atuação da gestão voltados a bons resultados e qualidade da prestação do serviço à sociedade.[195]

Com relação à avaliação, essa ação deve ter como referência as evidências levantadas acerca das evidências e resultados esperados. É imperioso para alta direção que a construção da decisão se faça plasmada em análise de dados e provas.

O processo de análise da compra e registro de desempenho do fornecedor por meio de indicadores apropriados é vital para medir a eficiência do fornecimento. Como esclarece a propósito Márcio Fedichina,[196] a avaliação da compra envolve a análise do resultado com relação a prazo, preço e condições combinadas. Lado outro, a avaliação sistemática de desempenho dos fornecedores trata do registro das ocorrências e posterior análise da normalidade ou não do fornecimento. Em outras palavras, esse momento procura responder a questões como: o processo de fornecimento aconteceu sem falhas? Houve alguma ocorrência detectada? As ocorrências vão afetar o funcionamento da empresa?

Podemos citar as seguintes métricas para verificar a qualidade e o controle de *performance*: índice de produtos rejeitados, percentual de

---

[195] De acordo com Thalita Keyla Sousa de Oliveira (*Governança corporativa aplicada no setor público*: um estudo de caso no município de Quixeramobim-CE. 2022. 41 f. Trabalho de Conclusão de Curso (Graduação em Finanças) – Faculdade de Finanças, Universidade Federal do Ceará, Fortaleza, 2022. f. 9. Disponível em: https://repositorio.ufc.br/bitstream/riufc/69849/1/2022_tcc_tksoliveira.pdf. Acesso em: 20 set. 2024), "a boa governança pública consiste nas regras, procedimentos, práticas e interações formais e informais dentro do Estado, instituições não estatais e cidadãos, que enquadram o exercício da autoridade pública e a tomada de decisões no interesse público".

[196] FEDICHINA, 2021, p. 39.

preços acima da média do mercado, capacidade de detectar e corrigir problemas técnicos, índice de entregas realizadas com atraso, prazo médio de pagamento, sanções aplicadas.

A propósito, vale a pena colecionar alguns normativos que tratam da governança nas organizações e abordam, com destaque, a necessidade de repositório de indicadores e monitoramento de resultados para formulação de diretrizes, objetivos, planos e ações.

Cite-se, por exemplo, o Decreto nº 9.203/2018, editado pelo Poder Executivo Federal, que trata da governança pública e determina que o processo decisório deve pautar-se em manifestações e controles de resultados, para melhoria regulatória e desempenho da organização.

(...)

Art. 6º Caberá à alta administração dos órgãos e das entidades, observados as normas e os procedimentos específicos aplicáveis, implementar e manter mecanismos, instâncias e práticas de governança em consonância com os princípios e as diretrizes estabelecidas neste Decreto.

Parágrafo único. Os mecanismos, as instâncias e as práticas de governança de que trata o *caput* incluirão, no mínimo:

I - formas de acompanhamento de resultados;

II - soluções para melhoria do desempenho das organizações; e

III - instrumentos de promoção do processo decisório fundamentado em evidências.

No mesmo sentido, a Resolução nº 347/2020, do CNJ, que dispõe sobre a política de governança das contratações no âmbito do Poder Judiciário, prevê que os processos decisórios devem ser orientados pelas evidências, pela conformidade legal, pela qualidade regulatória, pela desburocratização e pelo apoio à participação da sociedade.

(...)

Art. 33. Compete à alta administração dos órgãos do Poder Judiciário, observadas as diretrizes do art. 3º e as demais disposições desta Resolução, implementar objetivos, indicadores e metas para a gestão de contratações, que evidenciem:

I - formas de acompanhamento de desempenho e de resultados;

II - iniciativas que promovam soluções para melhoria do desempenho institucional, com apoio, quando possível, dos resultados da gestão de riscos; e

III - instrumentos de promoção do processo decisório orientado pelas evidências, pela conformidade legal, pela qualidade regulatória, pela desburocratização e pelo apoio à participação da sociedade.

Ressalta-se que o *Referencial básico de governança* do TCU[197] registra que a governança funciona por meio da avaliação, forjadas em impressões, ambiente, cenários, alternativas, desempenho e resultados atuais e os almejados.

É vital ter capacidade de avaliar para poder melhor endereçar. Lado outro, para direcionar, função que envolve a preparação, articulação e coordenação de políticas e de planos, para alcançar os objetivos estabelecidos, é importante fixar os critérios para o monitoramento. Já o monitoramento, é a função que destina-se a verificar os resultados, o desempenho e o cumprimento de políticas e planos, confrontando-os com as metas estabelecidas e as expectativas das partes interessadas.

Nota-se que a governança é responsável por estabelecer a direção a ser tomada, com foco em evidências e resultados,[198] com o propósito de atender a missão da organização e interesse público para o qual foi criada e essa investigação de dados e informações promovida na organização servirá para que os planos, ações e atividades sejam melhor direcionados e tenham uma avaliação final mais assertiva.

Nessa linha, alertando para a importância dos dados para moldar e mover decisões, José Roberto R. Afonso afirma:

> Dados serão o novo petróleo a mover a economia e sociedade na nova era digital, cujas transformações foram abreviadas e acentuadas pela pandemia da Covid-19. Ganhou força a ciência dos dados e seus especialistas se tornam um dos profissionais mais demandados e valorizados no mercado de trabalho. Não apenas os negócios passarão a cada vez mais a girar em torno de dados, mas também as políticas e práticas públicas deverão ser cada vez mais por eles moldadas e movidas. Isso deverá provocar uma ruptura radical de comportamento na direção e na gestão

---

[197] BRASIL. Tribunal de Contas da União. *Referencial básico de governança organizacional para organizações e outros entes jurisdicionados ao TCU*. 3. ed. Brasília, DF: Tribunal de Contas da União, 2014. p. 17-19. Disponível em: https://portal.tcu.gov.br/imprensa/noticias/tcu-publica-a-3-edicao-do-referencial-basico-de-governanca-organizacional.htm. Acesso em: 20 set. 2024.

[198] "Ora, decisões baseadas em evidências e que busquem resultados só podem ser obtidas por meio de estudo e avaliação de alternativas realizados com a devida antecedência, considerando as informações disponíveis acerca do tema ou do problema a ser enfrentado" (TC nº 029.083/2019-2).

das contas públicas. Talvez não se dê na forma desejada um grande e imediato bug do milênio. Mas se espera, ou melhor, se anseia que as evidências possam pautar de forma crescente os trabalhos técnicos (...).[199]

Ocorre que esse compêndio de dados não é uma realidade de parte das organizações públicas, impactando a avaliação e compreensão de suas reais necessidades; os resultados que esperam alcançar; as melhorias a serem implementadas; os riscos que estão expostos, enfim, inúmeras situações que acabam por tornar vulnerável a instituição.

Sobre o tema, o TCU, no Acórdão nº 1.524/2019 – Plenário, alertou que as contratações públicas realizadas pelo governo federal apresentam fragmentação, sobreposição ou duplicidade de esforços, comprometendo a eficácia dos resultados e desperdício de recursos públicos, que poderiam ser evitadas se as organizações tivessem evidências e dados para tomada de decisão.

> (...)
>
> 8. Essa dispersão das contratações públicas entre diferentes organizações do governo federal pode representar um cenário de fragmentação, sobreposição ou duplicidade de esforços, ocasionando riscos de ineficiência, ineficácia e prejuízos na atuação estatal.
>
> 9. O conceito geral de fragmentação, segundo o U.S. Government Accountability Office (GAO), refere-se às circunstâncias em que mais de uma agência governamental está envolvida na mesma área de atuação e existe a oportunidade de racionalizar a ação governamental. Sobreposição ocorre quando múltiplas agências ou programas têm metas similares, se envolvem em atividades ou estratégias semelhantes para alcançá-las, ou miram beneficiários comuns. Já a duplicidade ocorre quando duas ou mais agências ou programas estão engajados nas mesmas atividades ou provêm os mesmos serviços para os mesmos beneficiários (peça 28, p. 12).
>
> 10. Aplicada ao contexto das compras governamentais, a fragmentação ocorre quando mais de uma organização pública adota iniciativas para contratar objetos ou serviços similares, com a consequente sobreposição, ou duplicidade de esforços para o alcance da mesma finalidade, que, nesse caso, é a obtenção de um bem ou serviço demandado.

---

[199] Disponível em: http://www.fgv.br/mailing/2021/conjuntura-economica/10-outubro/20/#zoom=z. Acesso em: 20 set. 2024.

Além disso, o grau de maturidade do monitoramento do desempenho da gestão na maioria das organizações foi diagnosticado como incipiente, exigindo medidas para melhorar o panorama. Como ressalta o ministro Bruno Dantas, no Acórdão nº 588/2018 – Plenário, "tem-se o risco de que a estratégia não passe de 'pedaços de papel".

> (...)
>
> 258. Os resultados observados na figura 70 sugerem que 68% das organizações respondentes estão nos níveis intermediário ou aprimorado no que diz respeito à promoção da gestão estratégica na área de contratações (coluna 2134). Esse percentual, no entanto, não é acompanhado pela prática 2154, cujo cenário aponta que mais da metade dos respondentes está no nível inicial na prática de monitorar o desempenho da gestão. Essa diferença mostra que quase ¼ das organizações elabora o plano de monitoramento, mas não o executa.[200]

Portanto, é indispensável para o alcance dos propósitos das organizações que as decisões sejam pautadas em relatórios, dados informativos, indícios e percepções, por isso o monitoramento, coleta e relato de métricas e resultados são medidas inadiáveis.

6.3.2.1 A necessidade de estruturas e instâncias internas para monitoramento dos resultados

Como visto anteriormente, a alta direção precisa de evidências para a tomada de decisão. Esse conjunto de *feedbacks* retornando e realimentando o processo é que vão justificar a adoção de medidas para encontrar outras soluções, melhorar qualitativamente os processos ou implementar ações e atividades voltadas ao aperfeiçoamento das finalidades do órgão ou entidade pública.

Com efeito, para a efetividade desse constructo do sistema de governança, é inevitável que as organizações estabeleçam estruturas e instâncias internas destinadas aos propósitos e finalidades de avaliar e monitorar as diretrizes, planos e políticas definidos como estratégicos. Não é possível aferir os indicadores e metas, tampouco o atendimento dos objetivos estabelecidos se não forem implantadas as instâncias responsáveis pelo direcionamento, monitoramento e avaliação.[201]

---

[200] TC nº 011.574/2021-6.
[201] No Processo TC nº 029.083/2019-2, o TCU reconhece que uma das falhas da governança nas organizações decorre das fragilidades no processo de tomada de decisões, quer pela

Atente-se, ainda, que é importante que sejam verificadas se as instâncias interlocutoras com a alta direção na apresentação de referências para tomada de decisão estão realmente funcionando e sendo efetivas.

Os achados de auditorias realizadas pelo TCU registram que as decisões não são dialogadas entre os níveis estratégico, tático e operacional. Com isso as decisões são tomadas de maneira desalinhada, sem orientação e meta. A propósito, vale citar o Acórdão nº 2.141/2021 – Plenário:

> (...) não há possibilidade de avaliar se os projetos estão entregando resultados da forma que deveriam, porque estes resultados não foram definidos pela alta administração. Trata-se de uma situação em que a gestão de TI, no intuito de cumprir seu papel de entregar as soluções de TI demandadas, e ante a omissão das instâncias superiores, vem executando as ações, mas sem o direcionamento, monitoramento e avaliação das instâncias de governança.

Sobre o tema, citamos como boa prática de governança, a Portaria GM-MD nº 3.127, de 28 de julho de 2021, do Ministério de Estado da Defesa, que dispõe sobre a criação do Comitê de Governança e sua atribuição de subsidiar a alta administração na busca de melhores resultados para a sociedade; no monitoramento do desempenho e avaliação da concepção, implementação e resultados das políticas e das ações prioritárias; na implementação de controles internos fundamentados na gestão de riscos e na mantença de processo decisório orientado pelas evidências e pela conformidade legal.

Percebe-se, assim, que as organizações devem instituir comitê colaborativo para acompanhar e supervisionar as políticas, programas e ações estratégicas e reportar à alta direção os resultados do monitoramento realizado. Com essa medida é possível incrementar e assegurar que as decisões serão tomadas com base em dados e parâmetros garantindo o cumprimento da missão dos órgãos e entidades públicas que é entregar o serviço adequado à sociedade para justificar a sua existência.

---

falta de estudos robustos que as justifiquem, quer pela pouca transparência e diálogo com os principais agentes setoriais na condução do processo decisório.

6.3.2.2 A importância do monitoramento nas contratações

A governança estabelece a direção a ser tomada com fundamento em evidências e dados e o mecanismo da estratégia envolve, segundo o TCU,[202] cinco práticas auxiliares dessa função: gerir riscos, definir a estratégia, promover a gestão estratégica, monitorar os resultados organizacionais e reportar o desempenho das funções de gestão. Essas medidas precisam avançar nas organizações. A gestão de riscos, por exemplo, melhorou um pouco, mas está longe do patamar aceitável.[203] A maioria das organizações encontram-se em grau inicial ou inexistente com relação a essa prática, que é básica para diagnosticar os riscos de alto impacto e probabilidade para adoção de medidas de contingenciamento.

Isso sem falar que a aferição dos resultados para efeito de levantamento de métricas e indicadores que retroalimentarão a alta direção é realidade distante da ideal. O que tem se visto nas organizações é a definição de requisitos, sem o correspondente monitoramento de desempenho. Do que adianta fixar metas se não é feita análise objetiva dos dados identificados e as razões que ofuscaram a sua consecução?

Sobre o tema, destacamos, mais uma vez, relatório sobre governança das instituições, produzido pelo TCU,[204] que demonstram o grau incipiente de maturidade de governança acerca da temática:

> (...)
> 83. A prática 'Monitorar os resultados organizacionais' foi inserida no questionário de 2021, para estimular que as organizações respondentes estabeleçam formas de acompanhar os seus resultados, com vistas à melhoria do desempenho e à tomada de decisão fundamentada em evidências.
>
> Nesse sentido, cabe citar o Decreto 9.203/2017: Art. 15-A. São competências dos comitês internos de governança, instituídos pelos órgãos e entidades da administração pública federal direta, autárquica e fundacional: (...) II - incentivar e promover iniciativas que busquem implementar o acompanhamento de resultados no órgão ou na entidade,

---

[202] BRASIL. Tribunal de Contas da União. *Referencial básico de governança organizacional para organizações e outros entes jurisdicionados ao TCU.* 3. ed. Brasília, DF: Tribunal de Contas da União, 2014. Disponível em: https://portal.tcu.gov.br/imprensa/noticias/tcu-publica-a-3-edicao-do-referencial-basico-de-governanca-organizacional.htm. Acesso em: 20 set. 2024.
[203] TC nº 011.574/2021-6.
[204] TC nº 011.574/2021-6.

que promovam soluções para melhoria do desempenho institucional ou que adotem instrumentos para o aprimoramento do processo decisório.

84. Os resultados obtidos (figura 26) mostram claramente a necessidade de aprimoramento dessa prática pela administração pública federal, haja vista que 40% ainda estão no estágio inicial de capacidade.

Diante disso, cumpre atentar, que as organizações públicas sofrem com a falta de monitoramento dos resultados e evidências para tomada de decisão.

No caso da governança das contratações essa realidade nefasta também é constatada na maioria das organizações. Por isso, há que se investir na mudança desse cenário. Sem informações, resultados, investigações, métricas, como é possível elaborar orçamento, planejamento estratégico, plano de logística sustentável, plano anual de contratações, ou seja, documentos que orientam as contratações? Como aferir se os resultados esperados das contratações de credenciamento estão sendo atendidos? Qual o reporte do fornecimento credenciado?

Resta evidente que o compromisso da alta direção, preparação dos profissionais e estruturas internas vocacionadas ao propósito de definir indicadores e monitorar resultados das contratações é mudança de percurso tangível, possível e inadiável.

6.3.2.3 A análise dos resultados das contratações

A avaliação de resultado das contratações foi prestigiada na Lei nº 14.133/2021, visto que o art. 87, §3º, previu

> (...)
> a atuação do contratado no cumprimento de obrigações assumidas será avaliada pelo contratante, que emitirá documento comprobatório da avaliação realizada, com menção ao seu desempenho na execução contratual, baseado em indicadores objetivamente definidos e aferidos, e a eventuais penalidades aplicadas, o que constará do registro cadastral em que a inscrição for realizada.

O mesmo artigo tratou, ainda, de exigir que a anotação do cumprimento de obrigações pelo contratado será condicionada à implantação e à regulamentação do cadastro de atesto de cumprimento de obrigações, apto à realização do registro de forma objetiva, em atendimento aos princípios da impessoalidade, da igualdade, da isonomia, da publicidade e da transparência, de modo a possibilitar a implementação de medidas de incentivo aos licitantes que possuírem ótimo desempenho anotado em seu registro cadastral.

O art. 123, por sua vez, traz essa orientação de verificar a satisfação do serviço.

> (...)
>
> Art. 123. A Administração terá o dever de explicitamente emitir decisão sobre todas as solicitações e reclamações relacionadas à execução dos contratos regidos por esta Lei, ressalvados os requerimentos manifestamente impertinentes, meramente protelatórios ou de nenhum interesse para a boa execução do contrato.
>
> Parágrafo único. Salvo disposição legal ou cláusula contratual que estabeleça prazo específico, concluída a instrução do requerimento, a Administração terá o prazo de 1 (um) mês para decidir, admitida a prorrogação motivada por igual período.
>
> Feitas essas considerações, os órgãos e entidades públicas devem promover a avaliação interna para diagnosticar quais são as estruturas, processos e controles existentes, visto que, a partir dessa visão geral, é possível planejar as ações de adequação à nova Lei. É certo que a matriz de responsabilidade e os fluxos processuais devem fazer parte de regulamento orgânico.

Enfim, verificação do resultado, qualidade e adequação do fornecimento permite constatar se os objetivos inicialmente pactuados estão sendo alcançados.

CONCLUSÃO

A Controladoria-Geral da União (CGU) realizou avaliação das estruturas e dos processos de governança e gestão de contratações vigentes e em efetivo funcionamento nos anos de 2022 e 2023, em 10 organizações do Poder Executivo Federal, totalizando o montante avaliado de R$1.696.278.554,45.

No relatório consta como diagnóstico final a constatação de que as organizações avaliadas despendem quantias vultosas em compras públicas, mas não têm uma boa capacidade de governar esses gastos.[205]

Lado outro, o TCU, no Acórdão nº 1.270/2023 – Plenário, alertou que "a não resolução das recorrentes fragilidades constatadas ao longo de anos na governança das contratações (...) atrai diretamente para a alta administração do órgão a responsabilização pelas irregularidades e eventuais danos ao erário que vierem a ser constatados".

Resta evidente, portanto, que as organizações precisam buscar novas modulagens para atender a sua missão, contratar soluções que agreguem valor ao negócio e realizar entregas à sociedade, a verdadeira essência do movimento de toda engrenagem.

O mundo vivencia frenéticas mudanças e, cada vez mais, tem-se exigido das organizações a modernização de suas estruturas e processos de trabalho. Nessa via de inovação, as compras públicas devem adequar-se superando modelos tradicionais de contratação, sob pena de fracassarem e perderem seu propósito.

---

[205] Disponível em: https://www.gov.br/cgu/pt-br/assuntos/noticias/2024/07/cgu-avalia-estruturas-e-processos-de-governanca-e-gestao-de-contratacoes-publicas. Acesso em: 13 jun. 2023.

Desse modo, a adoção de novos procedimentos, como o *marketplace*, não pode sofrer resistência sob alegação de que não há experiências consolidadas de implementação. Como diz Peter Drucker, "Melhor que prever o futuro é criá-lo. Dizer nunca fiz, mas posso fazer, nos liberta da armadura do medo".[206]

Cássio Grinberg,[207] no seu livro *Desinvente*, destaca a importância de incorporar o desaprender, entendendo que desapegar de crenças significa receber a impermanência de braços abertos. Estar em movimento, acompanhando, reagindo e, quem sabe, até antecipando a mudança, em cujo trem a gente precisa, bem cedo, embarcar.

O salto evolutivo planejado para as compras públicas e previsto na Lei nº 14.133/2021 depende de uma boa governança que tem como premissa a inovação. Por isso a importância dos estudos e das iniciativas de novos modelos de negócios e arquétipos de compras públicas.

---

[206] GRINBERG, 2023, p. 143.
[207] *Ibidem*, p. 122.

REFERÊNCIAS

ALMEIDA JÚNIOR, Sebastião. *Gestão de compras*. Rio de Janeiro: Qualitymark, 2012.

ARROW, Kenneth J. Uncertainty and the Welfare Economics of Medical Care. *The American Economic Review*, [S.l.], v. 53, n. 5, p. 941-973, Dec. 1963.

ARANTES, Tiago; SFORSIN, Andréa Cássia Pereira; PINTO, Vanusa Barbosa; MARTINS, Maria Cleusa. Avaliação dos desfechos em processos licitatórios na modalidade pregão eletrônico de um hospital universitário. *Revista de Administração em Saúde (RAS)*, São Paulo, v. 19, n. 76, jul./set. 2019.

BAILY, Peter. *Compras*: princípios e administração. Tradução: Ailton Bomfim Brandão. São Paulo: Atlas, 2005..

BORGES, Alice Maria Gonzalez. Aplicabilidade de normas gerais de lei federal aos Estados. Revista de Direito Administrativo *(RDA)*, Rio de Janeiro, n. 194, p. 97-106, out./dez.1993.

BRASIL. Câmara dos Deputados. *Projeto de Lei nº 2.133/23, de 21 de abril de 2023.* Altera a Lei nº 14.133, de 1º de abril de 2021, para inserir dispositivos para instituir o Sistema de Compra Instantânea (Cix). Brasília, DF: Câmara dos Deputados, 2021. Disponível em: https://www.camara.leg.br/proposicoesWeb/fichadetramitacao?idProposicao=2358217. Acesso em: 21 nov. 2024.

BRASIL. [Constituição (1988)]. *Constituição da República Federativa do Brasil de 1988*. Brasília, DF: Presidência da República, 1988. Disponível em: http://www.planalto.gov.br/ccivil_03/constituicao/constituicaocompilado.htm. Acesso em: 21 nov. 2024.

BRASIL. Lei nº 14.133, de 1º de abril de 2021. Lei de Licitações e Contratos Administrativos. *Diário Oficial da União*: Brasília, DF, 2021. Disponível em: https://planalto.gov.br/ccivil_03/_ato2019-2022/2021/lei/l14133.htm. Acesso em: 21 nov. 2024.

BRASIL. Ministério da Saúde. Maior sistema público de saúde do mundo, SUS completa 31 anos. *Gov.br*, Brasília, DF, 19 set. 2021. Disponível em: https://www.gov.br/saude/pt-br/assuntos/noticias/2021-1/setembro/maior-sistema- publico-de-saude-do-mundo-sus-completa-31-anos. Acesso em: 23 nov. 2024.

BRASIL. Tribunal de Contas da União. *Referencial básico de governança organizacional para organizações e outros entes jurisdicionados ao TCU*. 3. ed. Brasília, DF: Tribunal de Contas da União, 2014. Disponível em: https://portal.tcu.gov.br/imprensa/noticias/tcu-publica-a-3-edicao-do-referencial-basico-de-governanca-organizacional.htm. Acesso em: 20 set. 2024.

BRASIL. Tribunal de Contas da União. *Relatório sistêmico de fiscalização 2014*. Brasília, DF: Tribunal de Contas da União, 2014. Disponível em: https://www.redecontrole.gov.br/biblioteca-digital/fic-saude-relatorio-sistemico-de-fiscalizacao-de-saude-exercicio-2014.htm. Acesso em: 5 jun. 2023.

BRASIL, Franklin; SOUZA, Kleber. *Como combater a corrupção em licitação*: detecção e prevenção de fraudes. 4. ed. Belo Horizonte: Fórum, 2024.

BRITO, Isabella. Governança em Contratações Públicas: a transformação passa pelos meios. *Portal L&C*, [S. l.], [2024]. Disponível em: http://www.licitacaoecontrato.com.br/assets/artigos/artigo_download_62.pdf. Acesso em: 30 set. 2024.

BRUNDTLAND, Gro Harlem. *Nosso futuro comum*: Comissão Mundial sobre Meio Ambiente e Desenvolvimento. 2. ed. Rio de Janeiro: Editora FGV, 1991.

CAMELO, Bradson; NÓBREGA, Marcos; TORRES, Ronny Charles Lopes de. *Análise econômica das licitações e contratos*. Belo Horizonte: Fórum, 2022.

CHARLES, Ronny. GU Emite Nota Técnica sobre Critério de Desempate na Lei nº 14.133/2021: Avaliação do Desempenho Contratual Prévio dos Licitantes. *In:* CHARLES, Ronny. *Ronny Charles*. [S. l.], [2024]. Disponível em: https://ronnycharles.com.br/cgu-emite-nota-tecnica-sobre-criterio-de-desempate-na-lei-no-14-133-2021-avaliacao-do-desempenho-contratual-previo-dos-licitantes/. Acesso em: 9 dez. 2024.

CONSULTORIA Zênite. Doutrina – 309/134/ABR/2005 – Aspectos Gerais sobre o Credenciamento. *Revista Eletrônica Zênite*, [S. l.], 2005. Disponível em: www.zenite.com.br. Acesso em: 3 out. 2024.

COASE, Ronald H. The Problem of Social Cost. *The Journal of Law and Economics*, [S. l.], v. 3, p.1-44, out. 1960.

CRETELLA JÚNIOR, José. *Das licitações públicas*. Rio de Janeiro: Forense, 1993.

CUSTOS de hospitais públicos cresceram 528% com pandemia. *Medicina S/A*, [S. l.], 17 ago. 2023. Disponível em: https://medicinasa.com.br/custos-de-hospitais-publicos. Acesso em: 10 jun. 2023.

DAL POZZO, Augusto; MARTINS, Ricardo (coord.). *Compliance no Direito Administrativo*. São Paulo: Thomson Reuters, 2020. (Coleção Compliance, v. 1).

DE PLÁCIDO E SILVA, Oscar Joseph. *Vocabulário jurídico*. 25. ed. Rio de Janeiro: Forense, 2004.

DESAFIOS no Brasil: acesso à saúde 150 milhões de brasileiros dependem do SUS. *Summit*, [S. l.], São Paulo, 23 set. 2020. Disponível em: https://summitsaude.estadao.com.br/desafios-no-brasil/acesso-a-saude-150-milhoes-de-brasileiros-dependem-do-sus/. Acesso em: 21 nov. 2024.

FEDICHINA, Márcio Antonio Hirose. *Gestão de compras e estoques*. Curitiba: Iesde, 2021.

FENILI, Renato Ribeiro. *Gestão de materiais*. 2. ed. Brasília, DF: Enap, 2016.

FIÚZA, Eduardo; SANTOS, Felippe Vilaça Loureiro; LOPES, Virgínia Bracarense; MEDEIROS, Bernardo Abreu de. *Compras públicas centralizadas em situações de emergência e calamidade pública*. Brasília, DF: IPEA, ago. 2020.

FRANCO, Lucas Pedersoli. *Análise sobre compras governamentais no Estado de Minas Gerais e a plataforma* e-marketplace. 2019. Trabalho de Conclusão de Curso (Graduação em Administração Pública) – Faculdade de Administração, Fundação João Pinheiro, Belo Horizonte, 2019.

FRAGAS, Isadora de. *O sistema de registro de preços permanente como mecanismo de perfectibilização do* public market *brasileiro*. 2021. Trabalho de Conclusão de Curso (Graduação em Direito) – Universidade Federal de Santa Catarina, Florianópolis, 2021.

FURTADO, Lucas Rocha. *Curso de licitações e contratos administrativos*. Belo Horizonte: Fórum, 2007.

GAMBOGI, Luis Carlos Balbino; FERREIRA, Maura Bartolozzi; BOSON, Patrícia Helena Gambogi. Compras sustentáveis: um desafio a ser encarado com inovação. *Controle em foco – Revista do MPC-MG*, Belo Horizonte, v. 1, n. 1, p. 1-152, jan./jun. 2021.

GABARDO, Emerson. *Princípio constitucional da eficiência administrativa*. São Paulo: Dialética, 2002.

GARCIA, Flávio Amaral; MOREIRA, Egon Bockmann. A futura Nova Lei de Licitações brasileira: seus principais desafios, analisados individualmente. *Revista de Direito Público da Economia – RDPE*, Belo Horizonte, ano 18, n. 69, p. 39-73, jan./mar. 2020.

GRINBERG, Cássio. *Desinvente*: como o que já está feito pode (e precisa) ser desfeito. Porto Alegre: Bookman, 2023.

GROVE, Andrew. *Gestão de alta* performance: tudo o que um gestor precisa saber para gerenciar equipes e manter o foco em resultados. São Paulo: Benvirá, 2020.

HEINEN, Juliano. A "folha corrida" das marcas e produtos – "atestado de vida pregressa". *Observatório da Nova Lei de Licitações*, [S. l.], 13 maio 2022. Disponível em: https://www.novaleilicitacao.com.br/2022/05/13/a-folha-corrida-das-marcas-e-produtos-atestado-de-vida-pregressa/. Acesso em: 20 set. 2024.

HORN, Guilherme. *O mindset da inovação*: a jornada do sucesso para potencializar o crescimento da sua empresa. São Paulo: Gente, 2021.

JABOATÃO DOS GUARARAPES. *Portal da Transparência do Município do Jaboatão dos Guararapes*, Jaboatão dos Guararapes, [2020]. Disponível em: https://jaboatao.pe.gov.br/portal-da-transparencia-3/. Acesso em: 1 set. 2020.

JUSTEN FILHO, Marçal. Ato convocatório: vícios insanáveis. *Boletim de Licitações e Contratos (BLC)*, [S. l.], ano X, n. 9, set./1997.

JUSTEN FILHO, Marçal. *Comentários à Lei de Licitações e Contratações Administrativas*. São Paulo: Thomson Reuters Brasil, 2021.

LAL, Shanker. How government e-marketplace is revolutionizing procurement in India. *In:* WORLD BANK. *World Bank Blogs.* [*S. l.*], Apr. 2018. Disponível em: https://blogs.worldbank.org/governance/how-government-e-marketplacerevolutionizing-procurement-india . Acesso em: 3 out. 2024.

LEINDORF, Cecilia de Aguillar. E-Democracia brasileira: fundamentos legais e Big Data. *In:* LEINDORF, Cecilia de Aguillar. *Direito Público Digital e novas tecnologias.* Curitiba: 2023. p. 65-84.

LIMA, Jonas. *Marketplace* das pequenas compras públicas: Estados Unidos. *Portal Sollicita,* [*S. l.*], 14 jul. 2020. Disponível em: https://portal.sollicita.com.br/Noticia/16530/marketplace-das-pequenas-compras-p%C3%BAblicas:-estados-unidos. Acesso em: 3 out. 2024.

MAGALDI, Sandro; SALIBI NETO, José. *Gestão do amanhã*: tudo o que você precisa saber sobre gestão, inovação e liderança para vencer na 4ª Revolução Industrial. São Paulo: Gente, 2018.

MARQUES NETO, Floriano Peixoto de Azevedo. Contrato administrativo: superveniência de fatores técnicos dificultadores da execução de obra. Inaplicabilidade dos limites de 25% de acréscimos. *Boletim de Licitações e Contratos (BLC),* [*S. l.*], n. 2, 2001.

MEIRELLES, Hely Lopes. *Direito Administrativo Brasileiro.* 38. ed. São Paulo: Malheiros, 2012.

MEIRELLES, Hely Lopes. *Licitação e contrato administrativo.* 14. ed. São Paulo: Malheiros, 2006.

MIGUEL, Luiz Felipe Hadlich. *Compras públicas inteligentes*: e-marketplace público, o fim das cláusulas exorbitantes. Rio de Janeiro: Lumen Juris, 2024.

MINAS GERAIS. Secretaria de Estado de Assuntos Municipais do Estado. *Manual de Licitações, Contratos e Sanções Penais e Administrativas.* Programa Permanente de Desenvolvimento Municipal – PRODEMU. Belo Horizonte: Secretaria de Estado de Assuntos Municipais do Estado, 1993.

MITSUTANI, Cláudio (org.). *Compras estratégicas*: construa parcerias com fornecedores e gere valor para seus negócios. São Paulo: Saraiva, 2014.

MONTE ALTO, Clélio Feres. *Técnica de compras.* 2. ed. Rio de Janeiro: Editora FGV, 2016.

MONTEIRO, Yara Darcy Police. Ato convocatório: vícios insanáveis. *Boletim de Licitações e Contratos (BLC),* [*S. l.*], ano X, n. 9, set./1997.

MOTTA, Carlos Pinto Coelho. *Eficácia nas licitações e contratos*: estudos e comentários sobre as leis 8.666 e 8.987/95, a nova modalidade do pregão e o pregão eletrônico; impactos da lei de responsabilidade fiscal, legislação, doutrina e jurisprudência. 12. ed. Belo Horizonte: Del Rey, 2011. p. 3-11.

MODESTO, Paulo. *Direito Administrativo da experimentação.* São Paulo: Juspodivm, 2024.

NÓBREGA, Marcos; JURUBEBA, Diego Franco de Araújo. Assimetrias de informação na nova Lei de licitação e o problema da seleção adversa. *Revista Brasileira de Direito Público – RBDP*, Belo Horizonte, ano 18, n. 69, p. 9-32, abr./jun. 2020.

NÓBREGA, Marcos; TORRES, Ronny Charles Lopes de. A Nova Lei de Licitações, credenciamento e *e-marketplace*: o *turning point* da inovação nas compras públicas. *O Licitante*, [S. l.], 2020. Disponível em: https://www.olicitante.com.br/e-marketplace-turning-point- inovacao-compras-publicas. Acesso em: 13 jun. 2023.

NÓBREGA, Marcos; TORRES, Ronny Charles Lopes de. A Nova Lei de Licitações, credenciamento e *e-marketplace*: o *turning point* da inovação nas compras públicas. *In*: NÓBREGA, Marcos. *Um olhar além do óbvio*: temas avançados de licitações e contratos na Lei 14.133/21 e outros assuntos. 2. ed. São Paulo: Juspodivm, 2024. p. 243-272.

NÓBREGA, Marcos; TORRES, Ronny Charles Lopes de. Licitações Públicas e *e-marketplace*: um sonho não tão distante. *Inove*, [S. l.], abr. 2020. Disponível em: https://inovecapacitacao.com.br/licitacoes-publicas-e-e-marketplace-umsonho-nao-tao-distante/. Acesso em: 3 out. 2024.

NIEBUHR, Joel de Menezes. *Licitação pública e contrato administrativo*. 5. ed. Belo Horizonte: Fórum, 2022.

OLIVEIRA, Aline de. Quanto Custa uma Licitação? *Portal Sollicita*, [S. l.], 29 jul. 2024. Disponível em: https://portal.sollicita.com.br/Noticia/21529/quanto-custa-uma-licita%C3%A7%C3%A3o?. Acesso em: 20 set. 2024.

OLIVEIRA, Marcelo Andrade Cattoni. Processo administrativo no Estado Democrático de Direito. A questão da regularidade dos atos processuais administrativos. *Fórum Administrativo – FA*, Belo Horizonte, ano 1, n. 4, jun. 2001.

OLIVEIRA, Rafael Carvalho Rezende. A nova Lei de Licitações: um museu de novidades? *Conjur*, São Paulo, 23 dez. 2020. Disponível em: https://www.conjur.com.br/2020-dez-23/rafael-oliveira-lei-licitacoes-museu-novidades. Acesso em: 30 set. 2024.

OLIVEIRA, Thalita Keyla Sousa de. *Governança corporativa aplicada no setor público*: um estudo de caso no município de Quixeramobim-CE. 2022. 41 f. Trabalho de Conclusão de Curso (Graduação em Finanças) – Faculdade de Finanças, Universidade Federal do Ceará, Fortaleza, 2022. Disponível em: https://repositorio.ufc.br/bitstream/riufc/69849/1/2022_tcc_tksoliveira.pdf. Acesso em: 20 set. 2024.

PAULA, Rodrigo Francisco de. Administração pública e o incentivo à inovação na Nova Lei de Licitações: reflexões sobre um novo paradigma para o controle das contratações públicas. *Revista do Tribunal de Contas do Estado de Santa Catarina – RTCE/SC*, Belo Horizonte, ano 1, n. 1, p. 101-120, maio/out. 2023

PEREIRA JÚNIOR, Jessé Torres; DOTTI, Marinês Restellato. As Sociedades Cooperativas e o tratamento privilegiado concedido às microempresas e empresas de pequeno porte (Lei Complementar nº 123/06 e Lei nº 11.488/07). *Revista Virtual da AGU*, Brasília, DF, ano VII, n. 71, dez. 2007. Disponível em http://www.agu.gov.br/sistemas/site/TemplateTexto.aspx?idConteudo=79802&ordenacao=1&id_site=1115. Acesso em: 30 set. 2024.

QUEIROZ, Vitória. *E-commerce* no Brasil movimenta R$196,1 bilhões na economia em 2023. *Poder 360*, [*S. l.*], 3 set. 2024. Disponível em: https://www.poder360.com.br/poder-economia/e-commerce-movimenta-r-1961-bilhoes-na-economia-em-2023/. Acesso em: 20 set. 2024.

REIS, Denizi Oliveira; ARAÚJO, Eliane Cardoso de; CECÍLIO, Luiz Carlos de Oliveira. *Políticas públicas de Saúde no Brasil*: SUS e pactos pela Saúde. [*S. l.*]: [*s. n.*], 13 abr. 2012. Disponível em: http://ares.unasus.gov.br/acervo/handle/ARES/168. Acesso em: 13 jun. 2023.

RIES, Eric. *A startup enxuta*. Rio de Janeiro: Sextante, 2019.

REIS, Luciano Elias. *Compras públicas inovadoras*: de acordo com a Nova Lei de Licitações e o marco regulatório das *startups*. Belo Horizonte: Fórum, 2022.

RIBEIRO, Juliana Almeida. Inexigibilidade de licitação e o credenciamento de serviços. *Jus Navigandi*, Teresina, ano 16, n. 2.809, 11 mar. 2011. Disponível em: https://jus.com.br/artigos/18683. Acesso em: 13 jun. 2023.

ROSILHO, André. *Licitação no Brasil*. São Paulo: Malheiros, 2013.

SILVA, Michelle Marry Marques da; LOPES, Virgínia Bracarense. O procedimento auxiliar do credenciamento: sua relação com a centralização de compras e sua formatação na Nova Lei de Licitações e Contratos Administrativos. *In*: LOPES, Virgínia Bracarense; SANTOS, Felipe Vilaça Loureiro. *Compras públicas centralizadas no Brasil*: teoria, prática e perspectivas. Belo Horizonte: Fórum, 2022.

SANTOS, Nelson Rodrigues dos. Desenvolvimento do SUS, rumos estratégicos e estratégias para visualização dos rumos. *Ciência & Saúde Coletiva*, Rio de Janeiro, v. 12, n. 2, p. 429-435, abr. 2007.

SILVA, Clarissa Sampaio; CRUZ, Daniel Macedo Tavares. Marketplace nas Compras pelo poder público no Brasil. *Revista da AGU*, Brasília, DF, v. 22, n. 2, 2023. Disponível em: https://revistaagu.agu.gov.br/index.php/AGU/article/view/3196. Acesso em: 3 out. 2024.

SUNDFELD, Carlos Ari. Como reformar as licitações? *In*: SUNDFELD, Carlos Ari. *Contratações públicas e seu controle*. São Paulo: Malheiros, 2013.

SUNDFELD, Carlos Ari. Direito Administrativo em 2006: entre papéis e negócios. *Conjur*, São Paulo, 21 dez. 2006. Disponível em: https://www.conjur.com.br/2006-dez-21/direito_administrativo_oscila_entre_papeis_negocios?pagina=2. Acesso em: 3 out. 2024.

STROPPA, Christianne de Carvalho. Artigos 1º a 4º. *In*: DAL POZZO, Augusto; CAMMAROSANO, Márcio; ZOCKUN, Maurício (coord.). *Lei de Licitações e Contratos Administrativos comentada*: Lei 14.133/2021. São Paulo: Thomson Reuters Brasil, 2021.

TAVARES, Janaina Leite. Nova Lei de Licitações e Procedimento de Manifestação de Interesse Privado. *Conjur*, São Paulo, 5 ago. 2022. Disponível em: https://www.conjur.com.br/2022-ago-05/janaina-tavares-lei-licitacoes-procedimento-interesse/. Acesso em: 3 out. 2024.

TORRES, Ronny Charles Lopes. O princípio da obrigatoriedade de licitar em suas perspectivas burocrática e democrática. *Jus Navigandi*, Teresina, ano 22, n. 4.976, 14 fev. 2017. Disponível em: https://jus.com.br/artigos/39860. Acesso em: 11 jun. 2023.

TORRES, Ronny Charles Lopes de. *Leis de licitações públicas comentadas*. 12. ed. Salvador: Juspodivm, 2021.

ZOCKUN, Carolina Zancaner; ZOCKUN, Maurício. *Marketplace* digital para compras públicas. *International Journal of Digital Law – IJDL*, Belo Horizonte, p. 77-94, set./dez. 2020.

Esta obra foi composta em fonte Palatino Linotype, corpo 10
e impressa em papel Pólen Bold 70g (miolo) e Supremo 250g (capa)
pela Gráfica Star 7.